小学館文庫

飲むぞ今夜も、東京で

太田和彦

JN030984

小学館

飲むぞ今夜も、東京で

目次

Ⅳ　荷風な酒場をさがして　199

V　対談：この人と居酒屋で

Ⅰ　東京、今夜の居酒屋

十条　斎藤酒場

創業昭和三年、往年の大衆酒場の雰囲気をそのままに残す「斎藤酒場」は今夜も満員だ。暖簾《のれん》を分けた客が「お、座れる」と安心した顔をする。中年男の一人客が多く、「もうどうしても、ここで飲みたいんだ」と走らんばかりに入ってくる人も、持参の夕刊を見ながら盃を傾ける人もいる。

見渡すと帽子が多い。ピケ帽、スキー帽、キャップ。私の前の人は上等のキャメルのコートにソフト帽で、ビール、酒、ペットボトルを置き、卵焼きともろきゅうで一杯だ。

「今日は、水持参？」

「そう、百円ショップ」

話しかける白い割烹着のその人こそ、東京一の居酒屋のおかみさんだ。つねに気さくにニコニコと笑みを絶やさず、新しい客には「そこが空いてるわよ」と声をかける。

品書は、まぐろブツ、フライ（今日はさんま）、肉豆腐、鯖味噌煮、ポテトサラダと親しめるものばかりで、ほとんど三百円台だ。人気の揚げ立て串カツに、ジューッとソースをかけ回してるのがうまそうだ。酢だこ、数の子、らっきょう、わさび漬け、冷やしトマトが古い酒場をしのばせる。私は冬の名物、大根煮。「おつゆまで飲んでね」とおかみさんがひと声添える。売り切れると「汁だけでもくれ」と言う客がいるそうだ。無言で入ってきた男はクラゲを肴に、ビールをチェイサーにしてデンキブランをぐいぐいやるというしびれるような注文だ。十五分でさっと帰っていくのがカッコいい。

気がつくと超満員の店内には夫婦客が増え、夫婦客同士が互いににこやかに飲んでいる。女房連れで来られる酒場とはなんと健全なことか。白い杖をついたひとり客に、おかみさんがたちまち「〇〇さん、いらっしゃい」と手を取る光景がうるわしい。

埼京線十条駅西口を出て右の通りをのぞけばそこにある。近所の人は誰でも知っている名物酒場。

千住大橋　田中屋

超一級の魚を超良心値段で出す東京屈指の店に久しぶりに出かけ、感銘を深くした。うれしいことに酒がすっかり充実して銘柄が七、八種くらいになり、「越乃寒梅・本醸造」「開運・純米吟醸」もある。およそ三十銘柄もあるワインは、相当よい品もあるようだ。私は手堅い名酒「四季桜はつはな」を燗にしてもらった。電子レンジではなく、ちゃんとお湯の燗だ。

品書にはまぐろ、ぶり、白魚、あん肝など時季のありとあらゆる魚が書かれ、すべて値段明記。アワビ生貝一個が千百円。上海カニ千円もある。とんかつもすばらしく、通はこれにするそうだ。私はおおいに迷い、平貝と鳥貝にした。

その平貝に目を見張った。新鮮なコシ、旨味、甘味、平貝特有のかすかなえぐ味とともにすばらしい。こういうときによい酒のある有難さ。たちまち一杯飲んではまたひと口の無我の境。添えた生海苔が格好の箸休めで、緑色のうご（ツマの海藻）までうまい。すべてモノがちがうのだ。鳥貝に添えた漬生姜は高級寿司屋も逃げ出す味のよさ。堂々たる大型の蒸しアワビにたちまち、酒もう一本。

ま新しい店内は老舗旅館のような立派な本建築で清潔そのもの。広い厨房は見ていて気持ちよく、白髪丸刈りの親方は真冬でも白衣一枚。年季の入った大小包丁を大切そうに木桶に置き、注文が入るとさっと仕事にかかる気合がいい。脇で若板さんがてきぱき手伝う。店の女性二人は客に気さくに話しかけ笑いあい、下町らしい温かさだ。

身なりのよい中年紳士が二人入ってきた。

「何人さんですか」

「二十人」（と冗談）

「え？　あらー、本気にしちゃったわ」

「ははは、ごめんよ」

なんともいいムード。

京成本線・千住大橋駅を南に出て、左を見ると大きな看板があり、すぐわかる。今、東京で私の最もすすめる、ぴか一の名店だ。

北千住　千住の永見《ながみ》

「千住の永見」といえばこのあたりで知らぬ者のない名物居酒屋だ。三時半の開店からどんどん人が入っていき、右の長いカウンター、左の長机を埋めていく。

下町居酒屋らしい数限りない品書の中の名物は「千寿揚げ」、ニンニク入りは五十円高くなる。注文を受けてから揚げるためしばらく待つが、届いた熱々はほんわかと湯気を上げうまそうだ。おかみさんの「塩味ついてるでね」のひと言がうれしい。

かぷり。ふんわりとソフトに揚がり、半分溶けた玉ねぎがたいへんおいしく、ビールに最高だ。魚すり身につなぎは卵白かな。もうひとつの名物「鶏軟骨つくね焼き・温卵のせ」は、串ではなく鉄板皿にハンバーグのようにじゅうじゅうと音を立てて焼け、卵をのせて出て来る。コリコリした軟骨に、ビールの次は青汁ハイボールを頼んでみた。

一人客も談論風発のグループもここではまったく気取りなく、裸の自分になって放心し、語り、下町大衆酒場の安心感が店いっぱいにひろがる。

「あの人は東大法学部にあぐらかいたんだよ」

「おごれる者、久しからずか」

隣の二人は社内批判のようだ。

にぎやかな店内をピッと引き締めているのが太いタオル鉢巻に白衣の決まる、気っぷよい店主・永見さんだ。見るからに下町の粋と意気をたたえ、レジにさりげなく飾られた浅草三社祭御輿の、華の先棒を担ぐ写真は伊達ではない。脇を固める若い兄貴も太タオル鉢巻きが似合い、「納豆は、卵黄身、白身、両方入れていいの？」と気を使う束髪小柄のおかみさんがまたいい。

カウンターの端に、優しくおとなしいゆえに、あまり出世しなかった感じの中年が一人、俺はここでいいやと、いかにも満足げにチューハイを飲んでいる。何かひと声かけたくなった。

北千住　大はし

創業明治十年。北千住の「大はし」は東京の最も古い居酒屋の一軒だ。古い居酒屋のよさは、建物も古いことが条件で、いかに昔の創業でも新しくしてしまっては意味がない。「大はし」は建物も明治というところに絶大な価値があった。

それがついに老朽限度が来て昨年（平成十四年）二月、建て直しと決まったときは満天下のファンを嘆かせた。

休むことおよそ一年、十二月の新装開店に、さっそく行ってみた。

三階建てになり、一階が店舗。おなじみ「千住で二番」の入る店名扁額《へんがく》に灯りが当たる。店内の基本レイアウトは前とまったく変わらない長いコの字カウンターとテーブル席だ。大切な「牛にこみ」の専用台も鎮座し、消防署から注意されていたという換気フードもついた。おなじみ丸椅子、床の黒石洗い出し仕上げ、料理出し小窓、その下の腰板も、できる限り前のままを残しているのがわかる。明治の洋風建築らしさのあった壁と天井角の縁飾りも、しっかり回っている。「名物にうまいものあり北千住、牛のにこみで渡る大橋」のビラが、昔通り店の真ん中に下がっているのがうれしい。一方厨房はステンレスぴかぴかの最新で一新され、こちらはずいぶん仕事がしやすそうだ。

それにしてもこの超、超満員の爆発的熱気はどうだ。私はだいぶ待ったが皆ちっとも帰ってくれない。カウンターは客の肩がびっしり重なり、これ以上絶対ひとりも割り込めず、誰もが再びここに座れたうれしさに浸っている。主人は以前同様、水を得たようにしゃきしゃきと動き、勘定の算盤《そろばん》をしゃっと入れる。

名物牛煮込みをはじめ、串カツ、げそわさ、あん肝など数多い品も前のままだ。やむなく建て直しても、極力昔と変えないことがファンをここまで帰って来させた。それは居酒屋で最も大切なことは何かを証明している。

根岸　鍵屋

居酒屋好きに知らぬ者のない根岸の「鍵屋」はこの冬も何も変わらない。五時きっかりに暖簾が上がると、待っていた常連は黙ってカウンターに座り、酒一本、二本。二十分もすれば帰ってゆく。六時を回ると、遠くからここをめざしてやって来たらしきグループが、「おお、空いてた」とうれしそうに席に着く。

冬の愉しみは、もちろん燗酒と、本式に鮫を使った「煮凝り」だ。銅の古い燗つけ器で練達の燗をつける二代目主人は、子供の頃、冬のおやつはいつも煮凝りの、店に出せない端っこのところだったと笑っていた。その煮凝りがじんわりと口の中で溶けてゆくうまささよ。

そして「湯豆腐」。シンプルなステンレス鍋に豆腐、鱈一口、緑の春菊一本に黄色い柚子皮ひと欠けがうつくしく、鰹節をきかせた割下醬油に浸してハフハフと口に運び、燗酒を口に含む時、しみじみと冬のよさを実感する。私は東京中の湯豆腐でここのが一番好きだ。そのよさをさらにかもし出すのが、昔はどの家にもあった座卓だ。座って酒を飲むには、やはりこれが一番いい。

およそ余計なことは口にしない店の女性は、注文を伺うときはきちんと腰を落とす。古風な行儀が身についている美しさ。料亭などの馬鹿丁寧とはちがう、頭に白布をまいた、さっぱりした立ち居なのがいい。

お通しはきまって豆をサラリと煮た「みそまめ」で、肴は鶏皮焼き、煮奴、味噌田楽、さらしくじら、たたみいわし、かまぼこ等々昔のものばかりだ。肴だけでなくこの居酒屋は何もかもが、昔と同じところに価値がある。女性だけのお客はお断わり。

昔は女だけで居酒屋に入ることなどなかった。もちろん男性がお連れするのは構わない。女性は、ここに連れてきてくれるいい男をみつけなさい。

山手線鶯谷駅南口から、言問通りを渡り、裏通りを左へゆくとある。

中目黒　ハル

中目黒駅、GTタワー裏の目黒銀座通りを三百メートルほど行った左側の小さな居酒屋。入ると民家の改造とわかる。奥の小部屋は古い物置だったとかで、土壁に貼り残された新聞は、昭和三年九月の秩父宮殿下ご成婚を報じている。そこの椅子に座り古風な小窓を開けるとちょうど台所が見えて、注文するのに具合がいい。

燗酒の徳利は源氏物語風の公家の絵がよく、市松模様のも小粋。どちらも今はあまり見られなくなった磁器の一合徳利で、燗酒はこれで燗するのが一番うまい。盃も野暮な陶器のぐい飲みではなく、さっぱりした磁器の盃。そのベストの酒器で飲む酒が「神亀《しんかめ》」「獺祭《だっさい》」「銀盤」とはシブイ。ひらめ昆布〆、いか肝陶板焼、鱈白子焼と飲み助を喜ばす品が並ぶ。「なめたかれい煮付」はすばらしくおいしく、生牡蠣もたいへんよい。皿小鉢も、皆、昔懐かしい大衆品なのがうれしい。

今、居酒屋やバーの流行は昭和の古い民家を改造したレトロ趣味だ。それが白金や麻布のおしゃれな場所にあるミスマッチが面白がられ、千住だと普通になってしまう。ではこの中目黒ではどうかというと、なんだかよくなじむ。目黒銀座商店街はずれまで来る客はこの店を知っていて来るわけで、古民家が隠れ家的居心地をかもし出し、気分をゆったりさせる。

料理好きの主人は懸命に働き、たまに奥さんが助けに来る。奥さんはタイ家庭料理の先生で、二階はときどきタイ料理の店になるのだそうだ。壁に貼られた、店のしゃれたオリジナルポスターは、常連のデザイナーが勝手に作って持ってくるそうだ。手拭いの暖簾といい、気づかれないように細かいセンスが張り巡らされている。

中目黒にはいろんな居酒屋があり、どこにも常連ファンがいて毎晩盛り上がっている。

渋谷　佐賀

子供の町と化した渋谷に大人の居酒屋は無いのかというと、ある。それもセンター街宇田川町カミソリ交番二軒隣のビル七階に。

小さなエレベーターを上がった「佐賀」は渋谷では古く、数年前この場所に移ってきた。店名通り主人は佐賀県出身。佐賀地酒「金波《きんぱ》」は平凡の美酒。最近焼酎が充実し「島美人」「兵六」「なかむら」「魔王」「芋麹全量」「森伊蔵」「伊佐美」に黒糖の逸品「龍宮」がうれしい。肴はすべて天然物の刺身から今日はサヨリとヒラマサを頼んだ。そしてお目当ての新物タクアンも。主人は長野県伊那の自家農園に季節には毎週末通い、りんごや野菜を作っている。肥料も店の魚屑利用の自然肥だ。そこで収穫した大根を、これも自家製の生糠《ぬか》で漬ける。

ポリリ。甘く黄色い市販タクアンとはまったく違い、枯れた色に嚙み心地堅く、深い味わいはまさに大地の滋味。これをかじって純米酒を飲む安心感よ。

「去年は天候不順で〝干し〟が遅くてね」

魚も野菜も調味料もできる限り自然品を使う姿勢が、健康そのものの主人の笑顔に現れている。これも新物と出された自家製柚子胡椒でヒラマサをいただくと超幸い。「まだ練れてないか」とカラカラと笑われたが、清爽な辛味は刺身をキリリとひきしめる。

遅い十時くらいからも客が来る。店は外からはまったく目立たないので、通りがかりではなく、ここを目指して来る客ばかりだ。話し声から出版編集関係らしい。私はカウンターで自家製カラスミ。今年のはとくに出来がいい。締めは最近主人の凝っている手打ち蕎麦だ。竹ざるのもりは極細なのにしっかりコシが強く香り高い。一気にすすりこみ「ハー」と満足のため息をついた。

「来年からは、蕎麦も栽培しますよ」

そいつは楽しみだ。酒をたくさん飲み、肴をつまんで四五〇〇円くらいだった。

恵比寿　さいき

昔の日本映画やテレビで、新聞記者なんかがハードな仕事を終えて、たまり場酒場の暖簾をくぐり、まずは一杯やって、おもむろに本日の仕事について語り始める。そんな男っぽい姿に憧れた。そんなふうに飲みたいときは古い居酒屋だ。昭和二十三年開店から変わらない「さいき」は、古風な舟天井、すすけた壁、小さなカウンターと、古く懐かしい往年の小酒場の雰囲気が大いなる魅力だ。

毎日書かれる小黒板の品書は、刺身に〆鯖、砂肝揚げ、ごま和えなど。自慢のえびしんじょうはちょいと時間がかかるけれどハフハフ熱くたいへんよい。一番人気はシンプル極まりない湯豆腐で、うまいんだなこれが。こんなオーソドックスな肴で徳利を傾け、談論風発の花が咲く。とはいえ仲間内の店ではなく、通りがかりのサラリーマンが暖簾をくぐり「おかえりなさーい」と迎えられる。帰るときは「いってらっしゃーい」だ。

ここは戦後文学の旗手、島尾敏雄、吉本隆明、遠藤周作、安岡章太郎、吉行淳之介らが、世に出る前、つまりカネがない頃、夜な夜な集まり文学論を戦わし、やがてデビューしていったという懐の深い店でもある。そのオーラが店にしみ込んで談論を呼ぶのかと思うと味わい深い。しかし文士の色紙一枚飾るでなく、そういうことを知る客が来るわけでもない普通の居酒屋であるところがいい。そんな居酒屋で一人で雰囲気にひたり、あるいは仲間と盃を傾ける愉しさよ。話題は会社の愚痴より、文学、演劇、文化批評がふさわしい。大人はこういう酒場で一杯やるのだ。常連に大学教授や出版関係。二階の昔のままの座敷もいい。

恵比寿駅西口、東京三菱銀行を右に入り右側。

西荻窪　善知鳥《うとう》

行灯の柔らかく郷愁を呼ぶ光がL字のカウンターをほのかに照らし、床の石油ストーブが店をふっくらと温かくする。いくら暖房が効いていてもそこに火のある安らぎは格別だ。背中にストーブの当たる席に座った客が「うー、あったかい、ここが特等席だ」と喜ぶ。

あまり大きな料理はなく、あみ、トンビ、ホヤ、牡蠣の塩辛、ナマコ酒盗、莫久来《ばくらい》（ホヤとコノワタの塩辛）、生からすみ、鮎の苦うるか、ちゅう（鮭の胃袋の塩辛）等々の珍味が、さあ酒を飲めと誘う。ここは酒をじっくり味わう〈酒亭〉の呼び名がぴったりだ。

客はご近所とおぼしき男の一人客や夫婦連れなど。家で食事を済ませ、酒でも飲むかとぶらりとやって来たようだ。まだ若い主人は青森出身で、黒タートルネックセーターの上に袢纏《はんてん》のスタイルが北国らしい。床のストーブは火がないと落ち着かない北国の生活感、いろんな塩辛も北の冬の保存食だ。けの汁（細かな野菜の汁もの）、いちご煮（アワビとウニの汁）、しじみラーメンなどの郷土料理がうれしい。

酒は名酒がそろう。青森の「豊盃」を燗した、ずっしり重い錫のチロリがすばらしく、はたして柔らかな燗具合は最高だ。感嘆する私に「いいでしょう」とさっそく客が話しかけてきた。「もっとお湯たっぷりで燗するといいんだがな」と講釈を言うと、主人がニヤリと奥から深い土釜を出した。「あるんなら最初から使ってよ（笑）、チロリは把手で浮き燗にしてくれ」と注文になり、「燗酒の極意は、人肌燗がチロリの余熱で次第にぬる燗に上がるところにある」と、客同士の素人談義は止まらず、主人はハイハイと苦笑している。これこそ酒好きの場所。

荻窪　いちべえ

靴を下足箱に入れて上がる田舎屋敷風の広い店。小カウンターもあるが小卓にあぐらをかいた。このほうが店中が見えていい。

見渡したくなるのは壁中に貼られた酒の銘柄だ。その数の凄さ。あれも、おおこれも。憶えのある酒の大行進に目がくらむ。玄関には大型保冷庫に酒がぎっちり詰まっている。「王禄」「秋鹿」「帰山」「会津娘」など主人おすすめ十種も納得ゆくものばかりだ。私は岡山の「竹林」にした。以前、某誌の燗酒品評会で私がベストに推した酒だ。出てきたお燗器は、柄つき塗箱に壺を入れ、壺の湯に錫チロリの浸かる凝ったものだ。チロリは珍しい蓋つきだ。大ざるから私の好きな広口盃を選び、まず一杯。ふうー。

焼豆腐をもろみに漬けた熊本の「もろみ豆腐」は沖縄の豆腐醺《とうふよう》に似て格好の珍味。

「めひかり一夜干し」を頭からがぶり。合間にしゃもじで焼いた「焼味噌」だ。肴の種類は多い。これだけ酒が揃えば知らないものを試してみたくなる。主人にすすめられた神奈川の「天青」は爽やかでじつにうまい。

座敷をつなぎ、あちこちに置いた座卓はどこも居心地がよさそうだ。酒好きらしい男三人組に、子連れ若夫婦や、勤め帰り風の落ち着いた女性二人組もいるのが中央線の居酒屋らしい眺めで、銘酒居酒屋といえども、ニューファミリー（古い言葉ですが）や仕事を持つ女性が気負わず入って来る。奥から、活性にごり酒のシュワーという口開けに、グループの歓声が上がった。

日本酒およそ百八十種、焼酎も百五十以上はあるそうだ。雑誌などで知り、飲んでみたいと思う酒は、まず間違いなくここにある。主人のすすめる酒も信頼でき、それがすべて値段明記の格安で飲める！

荻窪駅西口を吉祥寺方向に百メートルほど歩いた右手のビル三階。

新宿　樽一

小さな居酒屋で主人相手に一杯は疲れる。むしろ大型店の片隅に埋没するほうが気が楽。それなら「樽一」だ。歌舞伎町区役所通り沿い地下一階。都会人は喧騒渦巻く中でこそ一人になれる。武骨な田舎風店内は適当に仕切られあまり大型店とは感じない。相席あたり前で、今日の私もそうだが気にならない。奥では宴会中。主人、店員は注文、お運びに黙々と働く。その無干渉がいい。いたるところに下がる朱と墨の品書ビラは、種類非常に多く安心感を高める。

三陸の魚介を売りにするこの店のいち押しは鯨と牡蠣だ。〈鯨料理は日本の文化〉の信念のもと赤身、さらし鯨、さえずり、本皮、うねす、鯨汁、鯨ステーキ等々に鯨フルコースもある。私は〈ふぐをしのぐ逸品と大好評〉の「樽一流はりはり鍋」にしたいが〈二人前より〉とある。

「一人前じゃダメ？」

「いいっすよ、値段は半分です」

答えは明快だ。よしそれと生牡蠣に焼牡蠣もつけてやれ。

久しぶりに来て圧倒的な酒の充実に目を見張った。大型保冷庫は二台満杯、品書は日本中の銘酒で埋まる。私の目当てはよそには滅多にない埼玉の「天覧山《てんらんざん》」。その燗酒のいやうまいこと。つなぎに取ったエビみそがピタリだ。牡蠣塩辛、注文してから揚げる自家製厚揚もよさそうだ。

鯨はりはり鍋は小鍋にまず鯨脂身数種、豆腐、水菜山盛りを入れ、脂のダシが出た頃、赤身をさっとくぐらせポン酢できゅー。うーん、鯨にしか出せないこの味この味。我慢できず、「ご飯・卵・葱」のおじやセットを追加し、我を忘れた。創業三十五年。酒飲みに不動の定評を持つ樽一は、変わらず良心価格のうまい酒肴に徹し、大型居酒屋の実力ナンバーワンの感を深くした。

代々木上原　青

今、東京の居酒屋のトレンドは代々木上原だ。ここから三軒、上原追跡。

数年前からレストラン感覚の居酒屋があちこちに登場した。モダン和風の店内でおいしい日本酒と創作料理を味わう。主人は料理に徹し、客と語り合ったりしない。このオヤジ居酒屋と一線を画すニューウエーブ居酒屋は女性に圧倒的に支持され、それが大繁華街からひとつはずれた高級住宅地、代々木上原に集まっている。「青」は代表的な一軒だ。

打ち放しコンクリートに木の和風という典型的なインテリア。カウンターのコンロの鉄釜はお燗用だ。これなら首まで湯に浸かるだろう。「黒牛」「ひこ孫」「獺祭」などから「長珍《ちょうちん》」にした。大ぶり盃の中のおかめの顔が笑っている。三点盛お通しは生牡蠣酢、たらこ煮に、あん肝のパテがおいしく、細く堅い箸が使いやすい。目の前で切り始めたのを見てたまらず注文した小ぶりの〆鯖は、鯖の旨味が繊細に伝わってくる。

店内は満員で料理人は大忙しだ。隣客の注文した「ささ身とキノコとおろしたパルミジャーノサラダ」は盛大にチーズがすり下ろされる。私の頼んだ「焼き鳥貝と葱のぬた」はカセットバーナーの青い炎で直接鳥貝を焙り、柔らかいままに焦げ風味がついておいしい。ここで酒を追加。

男女二人連れが次々に戸を開け、満員に残念そうに帰ってゆく。奥のテーブル席ではきれいな女性四人組が楽しげに飲み、語っている、この店はしっかりファンがついているようだ。あれこれ食べて五千円ほど払い外に出ると近くに同じタイプらしき店がいくつもできていた。

代々木上原駅北口から新宿方向に行きT字を左折。直進して、また突き当たりT字を右折し、百メートルほどの右。駅からやや歩きます。

代々木上原　さかな幸《こう》

バール風のドアを開けるとテラコッタの床にカフェ風の椅子。カウンターだけの八席に角盆と箸が行儀よく並んでいる。刺身、焼物などに分けた品書は「はまぐり地酒蒸し」「鱈ちり鍋」などのオーソドックスのほか、「牡蠣と白菜の蒸し煮」「蛸刺しのタタキおくらがけ」のような工夫された料理が多く、なんとなく見当がつき興味がわく。〈お腹がすいたら〉とある「じゃこねぎご飯」「鯛茶」「焼おにぎり茶漬」もよさそう。酒は数こそ十五種ほどだが、皆ウムと唸るものばかり。すべて純米酒だ。

燗つけがとても丁寧だ。仕事を並行しても意識はつねに燗にあり、指で慎重に確めた燗具合は、あの「宗玄純粋無垢」を最高にうまくしている。楽しみの「ほうぼう薄造り」が出た。よい刺身にはわさびをつけないのが私のやり方。まず醤油だけでひと切れ。

うまい！　次にわさびをつまみ、その辛さにジーンと五秒失神。しめしめこのわさびでまた飲める。細く、軽く、堅い箸はとても使いやすい。

箸つなぎにシャープな「葱の醬油漬」が最高だ。半生蒸し鶏と茹でたオクラの「鶏とオクラの柚子胡椒あえ」の辛味の繊細さに感嘆。ようし次は「秋鹿67パーセント」のお燗。うーん最高の酒を飲んでるぞ。

ポニーテールの娘さんが一人で切り盛りする。バーにかかる網杓子やナイフなどさまざまな調理用具から、料理が好きでたまらない様子がよくわかる。清潔な店内は女性の店のよさだ。店先は、昼だけお父さんの営業する魚屋で、〈本日の刺身〉は折り紙つきだ。さりげなくセンスよい室内で、静かに名酒とおいしい料理を愉しむ。抱きしめたくなるようなすばらしい店。新客よ、この雰囲気をこわすなよ！

代々木上原駅北口から新宿方面に歩いてT字を左。「升本酒店」の少し先。黒い張幕が目印。

代々木上原　笹吟

代々木上原のニューウエーブ居酒屋は平成九年開店のここから始まった。モダン和風の軽快な店内、五十種以上はあろうという全国一騎当千の銘酒。そして料理の充実。今日は九十三品目もある。刺身はいつも最高だが、特徴は出会いを考えた創作料理だ。「帆立貝と海老の湯葉クリーム焼き」「槍いかの沖あみ塩辛和え」「菜の花と白魚の梅肉おろし」等々。肴は塩辛で十分という守旧派もまあお試しを。これらの料理がいかに日本酒、それも今主流の酸度の高いキレのよい酒をうまくするかがわかる。それは和食の基本、ダシがしっかり効いているからだ。

しかし品数の多さにやはり迷う。今日のテーマは「春よ来い」にしよう。ちと高いが思い切って「地蛤の葉わさび焼き」、酒はこれに合わせて「喜楽長」だ。角皿の盛塩に二つ並んで鎮座した九センチはあろうかという大蛤は梅の小枝が添えられ、まさに内裏雛。そっと蓋をはずすと、もわりと湯気が立ち、薄桃色に濡れた貝肉に葉わさびが緑に散る。ああ、官能めくるめくそのうまさよ！　その後の酒の桃源郷よ！

これだけで来た甲斐があったが、隣客の「鮪と芹の納豆あえ」がうまそうで私も真似。行儀よく並ぶ赤・緑・茶の三色をエイヤとかき回す快感。ゆるゆる溶きの納豆にからむ鮪と芹の食感。隠し辛子に涙がツーン。「春になるとこれが出るんですよ」とその客が言う。春はここにも。

店は超満員。女性がやや多いか。中年も若めも皆、心から満足している熱気がいい。白衣の主人を軸に、六人の料理人の自信にあふれた動きは一流レストランそのままだ。「上原は激戦区になったけど、ここの地位は揺るがないね」。隣の客の言うとおりだ。開店数年でまことにすばらしい店を作り上げた。

代々木上原駅南口を右に五十メートルくらい。

四谷　萬屋《よろずや》おかげさん

日本酒ラベルいっぱいの店内。半円形カウンターと掘りごたつ式板張り小上がり。大型保冷庫には気鋭の銘酒が詰まり、ビールサーバーもスタンバイ。目の前にはおでん鍋が湯煎され、さあどこからでも来いの構えだ。小黒板にうまそうな品が並ぶ。よし一品一酒作戦でいこう。まずは「肝かわはぎ刺」に神奈川の「天青」だ。新鮮さが色でわかる桃色の肝に醬油タラーリ。半透明の刺身を浸して口へ。やわらかな旨味に肝のコクがからまり、一人でウンウンと陶然境。余韻を惜しみつつ「天青」が爽やかに口を洗う。

次は「瀬つき鯵のなめろう」と福井「福千歳」。葱の嚙み心地に白ごまがうれしいなめろうの、ねっとり味噌味に酒が包容力で応える。燗はお湯の一人用お燗器で目の前で温まるのを待つ。三分ほどでつくが、待ちきれずひと口飲み、もう少し。我慢した燗酒のああ、なんとうまいことよ。頭に青布を巻いたくりくり目主人の率直で飾らない人柄が最高だ。日本酒が好きで始めたという、その「好き」が酒にも料理にも、店の気合いにもくっきりと現れている。

さあて次はと品書を開くと〈愛すべき定番たち〉欄に「油揚げ好きのための油揚げ」とあり、これは頼まないわけにはゆかない。よし、これに山形「杉勇」を合わせてみよう。はたせるかな油のよく抜けたパリパリ焼き油揚にまっすぐな純米酒がぴたり。たまらず頼んだ塩辛がまたどっしりした逸品で、楽しみにしていた「塩だけのぜいたくなおにぎり」についに届かず降参した。

椅子の座布団は尻あたりよく、小上がりの円座は腰を据えて落ち着く。開店してまだ新しく、東京には居酒屋名店が確実に増えていることをうれしく実感した。

四谷駅から新宿通り右側を新宿方向に徒歩五分。

中野　第二力酒蔵

中野で「第二力酒蔵」を知らなかったらもぐりだ（中野でもぐりでもいいか）。北口サンモールを入りすぐの「銀だこ」を右に行った四つ角。満員の客と大勢の板さんを描いた看板のイラストは店内そのままだ。通りから見えるガラスケースには、キンキ、鯛、カレイ、サザエ、平貝、ホタテ等々、ぴかぴかの海の幸が詰まり、意欲をかき立てる。あまりの品数にたじろぐが、高いものは高い、安いものは安いと明快なのがかえって信頼がわく。

客席は右と中央にカウンター、左にテーブル席、その奥は座敷とかなり広く、二階もある。ぎっしり並ぶ品書ビラには、ありとあらゆる季節の魚から煮物、鍋、ご飯までないものはない。厨房には七人の板前が、店には白衣の姉さんおばさんが幾人も立ち働き、これはいいぞと期待がわく。そのとおり、ここほど頼りになる居酒屋はない。しかも二時からやっている！

本日の私は白魚わさび（絶佳）、新竹の子土佐煮（香りすばらし）、げそわさ（これは安くてお徳です）、里芋煮（ほっこり）、めばる煮魚（堂々たる大皿）、酒三本で超満腹だった。

開店して四十年と少し。額に飾られた看板の原画は常連だった挿絵画家・風間完の作品。座敷の「風間画伯出版記念会」の大色紙は井上靖、司馬遼太郎、五木寛之、吉行淳之介、古山高麗雄らの大物の署名がめじろ押しだ。

老若男女あらゆる人がそれぞれに酒料理を楽しんでいる。男の常連はもちろん、夕方必ず来る老夫婦もいるそうだ。テーブル席ではあまり化粧気のない若い女性三人が、おいしいおいしいとうれしそうだ。これほど健康的な居酒屋があろうか。

ここに幸あり。第二力酒蔵、万歳！

森下　山利喜新館

東京の人気ナンバーワン居酒屋「山利喜」に新館ができようやく行列も短くなった。本日は新館カウンター真ん中最上席。至福の時間の始まり始まり。二つの大鍋に山利喜のスペシャリテ「煮込み」がふつふつと煮えているが我慢。今日はいつも心残りになっているもの中心でいこう。

まずは「まぐろ中落ち」。まぐろじゃ平凡かなー、と注文しそびれていたものだ。この本まぐろ赤身が、すっきりと香り高くうまい！　うーむ定番に美味ありだ。燗酒（「磯自慢」）になんと慶事の桜茶に使う桜の花が二輪ついてきた。春の花見酒だ。盃に入れ酒を注ぐと、ふんわりと花開きなんとも佳き風情。「いいねー」ご満悦の私に「へへへ」と髭の三代目が笑う。

「青柳と分葱のぬた」にかかる黒茶の味噌タレはタレというより濃厚なソースで、甘く小苦く、生野菜の何につけてもいけるだろう。目の前の「炭火やきとん」は、清潔に支度された串に親指と人差指で繊細にハーブや塩をふる。ハツは塩、軟骨たたきはタレにしたがその絹のようなタレのすばらしさ。本日特別の「小羊ロース串焼」は炭火焼グリルで、その都度、小フライパンでスプーンを巧みに操りソースを作る。その手ぎわはさすがにフランス料理をマスターしたシェフだ。とはいえここは伝統居酒屋。「茄子ぬか漬」を丸のままがぶりとやるうまさ。頼むと「切りますか」と聞かれるが、もちろん切らない「丸《まる》」。ツウは「茄子丸」とひと言で注文。

山利喜は、とりわけ新館は、フランス料理を六年やった三代目の技が居酒屋に無理なく溶けこみ、他のどこにもない店を作りだした。酒も料理も完全無欠。のびやかな店の空気。きびきび働く若い衆の気持ちよさ。ここをしのぐ居酒屋はなかなか現れないだろう。

地下鉄森下駅A4出口から清澄通りを両国方面に四分。

湯島　シンスケ

梅は咲いたか、桜はまだかいな。梅なら湯島の白梅だ。湯島天神下に「シンスケ」あり。参拝を済ませ、今日は開店一番客だ。

カウンターを拭く主人の頃合いをみながら、目の前の白い短冊を眺め、さて何にしようかと思案する至福のひととき。時は春。「白魚卵とじ」に「若竹椀」か。蛤は「焼蛤」「蛤酒蒸し」「煮蛤」と三品ある。酒は飲み飽きない秋田の銘酒「両関」。清楚な正一合徳利の、白無地は本醸造、下に青線一本は純米酒、首に青線一本は樽酒だ。届いた煮蛤は、きりりとした江戸前の煮方にまったりした旨味が立ち上がり、青い木の芽山椒の香りが爽快だ。これに応える酒の燗具合のよさ。銘酒居酒屋でいろんな酒を試すのも楽しいが、お決まりの一酒に身を委ね、盃を重ねるのもさらによい。

さて次。ぬたは「青柳」「黒まぐろ」「葱」の三種がある。小鉢にこんもりとうずたかい「黒まぐろぬた」は、青い分葱、白いうど、鮮紅のまぐろ赤身に辛子色の味噌がとろりとかかり、甘味、酸味、辛味の、ひんやりねっとり渾然一体の嚙み心地は、ぬたという料理の考えられる最高峰ではないか。「春芹のごま和え」は、ごま和えのこれまた最高峰。そう、ここは居酒屋の肴の究極の洗練が並ぶ。

主人の、パッチに粋な縞柄のハッピと、細く絞った手拭鉢巻がピタリと決まる。注文を「ほーい」とのどかに受け、料理を「はい、お待ち〜」と渡す。これ見よがしにてきぱきしたりせず、あくまで春風駘蕩《しゅんぷうたいとう》、のんびり動きながら燗具合を見、話しかける客に適当に相槌をうつ様子のよさは、気持ちをゆったりさせ、年季の入った職人仕事を見るようだ。

風格ある構え、酒、料理、主人、店の格。すべてが整った東京居酒屋を代表する名店。

地下鉄湯島駅から春日通りを本郷に向かい、三分。

秋葉原　赤津加《あかつか》

秋葉原電気街の中にまったく異質に立つ、この古い居酒屋はもはや奇跡と言えるかもしれない。よしずの天井、黒玉砂利洗い出しの床。こぶこぶに曲がる天然木の柱はてらてらと艶光りし、銘木でなく節のある（そこがいい）カウンターはもはや少し傾き、天然木の輪郭を残した卓席もいい。往年の艶冶《えんや》な小料理屋の風を生々しく残す店内で、酒を飲む喜びに浸れるのがここの最大の魅力だ。

まずは生ホタルイカで「菊正宗」の燗だ。地酒だ吟醸だと騒ぐが、ここ東京神田で飲む酒はやはり菊正だ。すらり並ぶ筆字短冊は、たこぶつ、笹かれい、柳川、まぐろぬた、初かつおと、まったく心配いらない値段で居酒屋の定番が並ぶ。

昭和二十九年開店の「赤津加」は平成十六年に五十周年を迎えた。建物は昭和二十六年のもので、昔このあたりは花柳界で待合として建てられたと聞き、艶のある粋な造りにたいへん納得がいった。今こそ電脳ピカピカの秋葉原も昔は三味の音が聞こえていたのだ。

徳利をおさめる黒と堆朱《ついしゅ》のハカマがいい。「昔はビールも袴をはかせたんですよ」とおかみさんが笑う。これも花柳界の名残だろうか。店を始めた妹さんは急逝され、「私が引っ張り出され、いまだに素人気分が抜けないんです」と苦笑するが、そこがいい。一人客に話しかける様子は、居酒屋おかみというよりは優しい親戚のおばさんだ。

非常にわかりにくい場所にあり、つまりは皆ここを目指してやって来る。おなじみさんはご近所を筆頭に、大学の先生や出版関係も多いそうだ。東京の宝物、赤津加の建物よいつまでも！

秋葉原駅電気街口を出て左、広い中央通りを渡り、総武線御茶ノ水方向の高架横道を行き、最初を右折、少し先に行った右手の袋小路。

下高井戸　おふろ

木をベースにしたモダンな明るい店内。背もたれカバーつきの椅子。柔らかな照明は一流ホテルの高級天ぷら屋のようだ。マスターは黒ズボンにカラーワイシャツ、ノーネクタイと気軽で銘酒居酒屋の気負いはないが、品書きには「上喜元」「栗駒山」「美丈夫うすにごり」など主張を感じる日本酒がずらり。焼酎にワイン（百種とか）も大充実だ。

肴は「弥生本日の料理」と「月替わり定番」に分かれ一行解説がつく。その一つ「ニシンの酢じめと新玉ねぎのサラダ仕立て／春の訪れを告げるにしんをサラダ仕立てでさっぱりと」。うまそうだな、これと「東北泉・瑠璃《るり》色の海」の冷やにしよう。

若いニシンは鯵に似て、辛すぎない玉ねぎに軽い油がからみ、五月の風のように爽やかだ。お通しのプチトマトのコンポート（軽いワイン煮）も酸味がスターターに最適だ。料理を盛るモダン和風白皿がこの店によく合う。次の「飯蛸煮つけ」のみっしり詰まった飯《いい》（卵）に、酒を「磯自慢本醸造生貯蔵新酒（県内限定）」の燗にする。馬の新鮮な赤身をたてがみのコーネ脂と叩き、浅葱をたっぷりと載せた「熊本馬刺のタルタル風」は、さっぱりした口当たりに鯨のようなコクがじんわりにじみ、実山椒が快い刺激を与え、馬肉料理の大傑作だ。

カウンターの石炉の南部鉄釜に穏やかに湯が沸く。お湯割りは竹柄杓《びしゃく》でこの湯を使うそうだ。

繊細でくっきりした料理と上品なセンスの店内はぴったりマッチし、女性客同士も心から安心して愉しんでいる。男だけのスタッフは小声で気をきかせ、しかもリラックスし、接客を仕事として自覚しているのがわかりいいムードだ。都心ならば、連日予約超満員間違いない名店が下高井戸に。

京王線下高井戸駅南口から、日大通りを少し行くと右に看板あり。

根津　うさぎ

路地の町根津の極細の裏路地に名店あり。緑したたる木陰に清楚に白い「うさぎ」の行灯《あんどん》看板が灯る。玄関周りは石畳。中は斜めに折れる黒カウンターと奥に小上がり座敷。古い木造は艶光りし、要所のいろんな飾り物が下町らしく粋だ。

お通しは枝豆・トコブシ煮・子持ち昆布の三点盛り。酒は青森の「じょっぱり」を常温で。鳥貝に添えられたスダチを醤油に絞りひと口。やっぱり夏はこれだなあ。カウンター上には賀茂茄子、石川芋、万願寺唐辛子がいい色だ。

座敷にリボンをつけた小さな犬が座る。名はリリー。谷の町根津の〝谷間の百合〟だ。「かわいいけど老犬なのよ」と笑う池内淳子似の美人ママさんはおしゃれで、手振りがたいへん魅力的だ。自分の干支を店名にかれこれ三十五年以上。ぎっしり並ぶ小さなうさぎの置物は皆お客さんの土産という。その下の古九谷の盃コレクションに目を見張った。ある大学教授から〝預かっている〟ものだが「どれでもお好きなのでお飲みください」と。なんと使えるのだ。迷いに迷い、黒金地に白菊の思い切って豪華な一つを選び、名酒「満寿泉」吟醸を一杯。

「うーん、うまい」。ご満悦の私にママさんと手伝いの娘さん、隣席の涼やかなお着物の女性客が笑う。この方は国立劇場などにも出ている三味線のお師匠さんだそうだ。初めて入ったのに、すっかりうちとけさせてくれる明るい雰囲気がとてもうれしい。

自家製鮎一夜干しはパリッと焼け、たいへんいい味だ。

「ベランダで干すんだけど、大敵はカラスなの」

なるほどなあ。地下鉄千代田線根津駅1番出口。「赤札堂」を右に見ながら東京芸大方面へ、「魚兼ビル」の路地を左に入りすぐ。

神楽坂　カド

古い花柳界の粋な神楽坂が、最近とみに華やかな活気に満ちている。東京で最も

〝和〟の味あふれるこの町は東京の京都だ。本日から魅惑の神楽坂シリーズ四連発。

神楽坂に多いのは古民家の居酒屋だ。路地角の黒塀に囲まれたここも昭和二十四年の家をそのまま使っている。玄関で履物を脱ぎ、廊下から座敷に入り畳に座る。よそのお宅にお邪魔したのと同じだ。戸障子は小さな庭に開け放たれ、縁側には蚊取り線香、床の間に扇風機。

品書は三千円ほどのセットのみで、銘々に高脚のお膳で供される。日本酒、ビール、ワインから一杯選び、本日の料理はお通し（みそ豆・小松菜煮浸し）、おつまみ盛り（鴨ロース・うるめ鰯・小かぶ・枝豆）、茹でアスパラ豆腐和え、酢豚、冷やし冬瓜、の五皿だ。

団扇を使いながら縁側の蚊取り線香を眺め一杯やるのはじつにいい気分だ。ズボンを脱いでステテコになりたい。派手さのない肴が晩酌ムードを盛り上げる。料理は質素だが上品丁寧で、かつての、家庭をきちんと守る奥様の心ばえのようだ。ああ古きよき昭和時代よ！

平成になり明らかに世の中は変わった。今の昭和レトロブームは、ハイテクやパソコンに管理され閉塞した現代への厭世観に他ならなく、居酒屋にその空気が敏感に反映している。

奥の小間は畳敷きに椅子テーブルでこれがまた落ち着く。田舎の大きな旧家の座敷にこんな部屋があったなあ。椅子がソファ、籐編み、五十年代モダン、支那風など皆ばらばらの古家具なのが気分だ。向かい合ったデートのカップルは、まるで戦前の映画を見ているようだった。地下鉄東西線・神楽坂駅の神楽坂出口から、すぐ左の赤城神社に向かい、神社前を右に行った左角。

神楽坂　ろばた肴町《さかなまち》五合《ごごう》

神楽坂で人通りの多いのは本多横丁だ。その中の新しい一軒に入った。広い店内は混んでおり、大きな田舎屋敷の土間にあったような、羽釜と蒸籠《せいろ》のはまる、土を固めたへっついかまどを囲む席が空いていた。後ろはピチピチ美女三人、右は若い男二人、カウンターには中年や子連れ若夫婦もいる。若向けの雰囲気だが客は全方位だ。雑然と置いた古皿や甕《かめ》、盃が楽しく、古い古い南部鉄瓶のチロリ燗が頼もしい。

手元の品書に読みふけった。「北海道紋別生うに海水漬」「能登特産いしる一夜干し」「糸魚川能生はたはた」「熊本熊井牧場の馬刺し／タテガミ・フタエゴ・肩ロース・馬レバー　熊本の甘露醬油で馬の部位にこだわった四種盛り」等々、すべて生産地明記で、よくもこれだけ日本中のうまいものを集めたものだ。そして安い。千円以上はなし！　では酒はと見れば「奥播磨」「悦凱陣」「澤屋まつもと」等々、最新実力派がずらり。燗の銘酒「妙の華」を注文すると珍しや鳩燗（鳩形の置き徳利）だ。いしる（いかの魚醤）で漬けたという浅緑色爽やかな白瓜がすらりと一本のお通しは気が利いている。「漁師さんから直送地魚刺身三種盛り」は、〈石川金沢／平目〉〈福井美浜／金目鯛〉〈石川七尾／いなだ〉と、産地魚名を書いた小さな木札がそれぞれに添えられる。

働く若い男三人は覇気があり親切だ。平成十六年開店したというが、古民家風、全国の珍味と先鋭銘酒、安価、と新しい居酒屋の嗜好をすべてそろえた結果、若者の老成志向と中年世代に残る若者気分が逆方向から一致して大繁盛している。地下鉄飯田橋駅から神楽坂途中右の本多横丁中ほど左。

神楽坂　泥味亭《どろみてい》

細長いカウンター席に座りチェコビールを頼むと、私の好きなピルスナーウルケルだ。自分で注ぎ、ホップのしっかり利いた苦みを堪能。お通しの「賽《さい》の目山芋の卵寄せ」はふんわりした味だ。

白タイルの清潔な厨房や右の掘りこたつ式小上がりには、筆太に墨書した品書ビラがずらりと下がり、さあ何にしようかなと意欲をそそる。旬の刺身や天ぷら、里芋煮などのほか、和風蟹グラタン、あざく（焼き穴子のわさび酢あえ）、ポテトレバー（マッシュポテトにコンソメ鶏レバーをとじたもの）など工夫したものが多い。「穴子の柳川風」はダシがよくきき、ごぼうが香る。日本酒各種から選んだ「笹正宗」本醸造のお燗は優しい味で飲み飽きない。

店の名はイタリアの名山岳地ドロミテからかなと尋ねると、果たしてそのとおりで、ご主人はヒマラヤや南米の六千メートル級に遠征するセミプロ登山家だった。私もアイガーに登ったことがあり「ルートは？」とたちまち話が弾み、「昔は山行で五十日間店を休んだこともありましたよ」と笑う。朝は築地まで一時間二十分、歩いて仕入れに行くそうだ。

煮茄子がひんやりとおいしい。山の料理本も書いたという主人の料理は、よく追求された洗練があり、山では無駄な飾りは不要の現れだろうか。客は近くの出版社や山岳関係編集者も多いそうだ。長い山歴をもつ白髪まじり山男の優しい目がいい。控えめにサポートする奥さんの、山への理解あってのことだろう。うらやましいな。

地下鉄東西線神楽坂駅の矢来町出口を出て、左に一分。道の赤い看板でわかる。

神楽坂　トキオカ

神楽坂シリーズの最後に、今私が最も気に入っている小さな店を紹介しよう。

酒はワイン、シェリー、ラム、カンパリ、カシス、ペルノー……。肴は、「じゃがいもバジルソース」「しらすのオリーブオイル煮」「本日のオムレツ」「へしことキャベツのスパゲティ」……。ワインバーですかと言われれば、まあそうだけど、典型的な純和風寿司屋の店舗をそのまま使っているのがたいへんユニークだ。敷石床の隅には筧《かけひ》の水が蹲《つくばい》に落ち、和花が飾られ、鉄の吊灯籠が下がる。寿司屋らしい厚い木の机。糊のきいた古風な白布カバーの椅子。なのにカウンターには洋酒リキュール瓶が並び、丸刈りにボストン眼鏡、Tシャツのウディ・アレンに似た若者が立つ。グラスワインは赤白ともにたいへんおいしく、お通しは伊万里皿にじゃがいものキッシュ（パイ）。料理はパスタ類もすべて和皿に箸だ。

賑やかな表通りをはずれた小栗通りの坂上は、神楽坂もここまで来ると静かだ。開けた玄関から車の通らない小路が見え、ときおり犬を散歩させるおばさんなどが行く。

室内のオレンジ色電灯と店外の夜の青い光の対比が美しい。

私はこうして外を見ながら飲む酒が一番好きだ。外の風を入れながら、道行く人と客の視線が合わぬよう内外を暖簾で仕切る、昔の店設計の巧みな知恵に気づく。玄関上の小窓は風通しのためと初めて気づいた。ミスマッチの面白さというよりも、店空間そのものがじつに快適な居心地にしてくれる。

低く流れる古いアメリカの女性コーラスグループ、ディニングシスターズが天国的にノスタルジックだ。神楽坂の静かな夜がある。地下鉄飯田橋から神楽坂通り左の小路を十分ほど上がった左。

銀座　しも田

古い銀座の面影が残る数寄屋通り裏通りの、柳の木があるビルの地下。

お通しは枝豆、蛸煮に高知のちゃんばら貝が珍しい。身をひねり出すのが難しい貝だが、きれいに抜いてある。経木の品書はカツオ、鮪から始まり、ナメタカレイ、アオリイカ、岩牡蠣とおいしそうなものがびっしり並び、最後は茶漬け、おにぎりだ。頼んだ生鳥貝は新鮮そのもので、鳥貝ってこんなうまいものだったのかと感嘆する。

飾った薄ピンクの殻は一つだが、身は五個分が盛られる。高知産鮎の塩焼は蓼《たで》葉が添えられ、くねった焼姿が美しく、まず腹のところをまとめて口に。香り高く脂も中庸でおいしい。

ここは私が銀座に勤めていた頃よく通った店だ。十年ぶりくらいに入ったが「おや、お珍しい」と迎えてくれ嬉しい。ご主人も奥さんも昨日のことのようにお若い。カウンター、テーブル、小上がりとバランスよい店内の小上がりが定席で、鮎好きの私はよく注文した。

酒を焼酎に替えて頼んだ「冷焼茄子登呂々掛け」は冷やし焼茄子にとろろ、貝割れ大根と糸海苔がのり、ひんやりとおいしい。品書に値段は書かれていないが生鳥貝、鮎塩焼、冷やし茄子にビールと焼酎で五千円くらいだった。

棚の『板前修業』（集英社新書）はご主人の本と知り驚いた。「買おうと思っていた本なんですよ！」（ホントです）と声をかけると主人が笑った。目下九刷のベストセラー。著者略歴で主人は名門店で修業を重ねた料理人と知った。そんなことはちっとも知らずに通っていたのだ。銀座は奥が深い。本もたいへんおもしろく、すぐまた行きたくなった。

泰明小学校前の道の中程、右側地下一階。

銀座　泰明庵

ここは銀座の老舗蕎麦屋だが居酒屋としてもたいへん優れ、私が銀座で最も好きな居酒屋はじつはここだ。泰明小学校前の道を行った柳の先の左手。

ご飯物・麵物と分けた品書大額の下に、びっしり二段に張った筆字の短冊がすごい。天ぷらはもちろん、刺身、岩牡蠣、蒸し穴子、本まぐろ山かけ、帆立いそべ焼き、鮎くんせい、甘長唐辛子、等々の肴がこれでもかと並び、さらにはみ出してマジックインキ書きで延々と続く。蕎麦屋の酒の肴は板わさかせいぜい卵焼だが、ここは刺身、煮魚、焼魚、青物、珍味となんでも来いだ。酒も数種がそろう。

本日はまず「生シラス」。これがあるだけでもう並の居酒屋を抜いている。季節の「平貝刺身」は貝柱メインに、ぬる味のあるヒモと貝ベラもついた三種盛り。「黒龍・純米」が合う。すばらしきは深鉢の「トコブシ煮」だ。肝もついた肉厚完全形の上等二個はうっとりするほど美しく、煮過ぎないしなやかな歯ごたえとひんやりしたコクは過去のトコブシ煮の最高峰だ。

蕎麦屋ゆえ昼から休みなく営業し、昼下がりに一杯ができる。夜のお仕事前の腹ごしらえにやって来た白シャツ黒蝶ネクタイの人がいかにも銀座らしい。

蕎麦屋酒の妙味は最後にどの蕎麦を食べようかと考えながら飲む楽しみだ。豊富な種物がそれに応える。私のおすすめは「舞茸カレーそば」。とはいえここはあくまで小さな蕎麦屋で、チンタラ飲むところではない。混んできたら、蕎麦をたぐり、さっと席を立つ最低限のルールだけは守ろう。ゆっくり飲むなら二階席へ。

一隅にかかる額入りの漢詩がじつに味わい深い。

村夜　唐　白居易
霜草蒼蒼蟲切切　村南村北行人絶
独出門前望野田　月明蕎麦花如雪
為泰明庵　巨山

池尻大橋　KAN

桜並木の青葉が茂る目黒川畔の通りに、黒っぽいモダンな入口。看板はない。店内も打ち放しコンクリート、軽石ブロックとクールな質感に、幅一メートルの木の大カウンターが表情をつくる。黒シャツ、黒ズボン、白前掛の男四人が黙々と働く。まずは酒。「東洋美人」「会津娘」「喜久酔」と並ぶ中から「奥播磨」の冷やにした。モダンデザインの錫《すず》の片口は厚く重く、酒がいつまでも冷たい。お通しの茗荷《みょうが》と岡ひじきの汁碗は、熱いスープが暑気払いになる。肴は巻紙の品書をカウンターにぱーっと広げる。大きな白俎板《しろまないた》に盛った濃赤の「まぐろづけ」がひんやりとおいしい。

七月の夕方。入口から見える、まだ明るい外の木の緑がさわやかだ。ここ目黒区東山から中目黒に至る目黒川沿いの道は、ブティックや古書、レストランなどの小さく個性的な店が集まり、川沿いのしゃれたストリートになっている。

ダシ汁とすまし汁の二つのタッパーの煮野菜を、塩を振った氷水に浸けた小さな容器で冷やしている。その「夏野菜の炊きあわせ」は茄子、かぼちゃ、オクラ、トマト、冬瓜がそれぞれの味をきっちり引きだしてたいへんおいしい。「砂肝とセロリの塩炒り」は適度な加熱による香り出しが見事。「鶏ささみとアスパラの春巻」「鮪とハス葉の辛子味噌」のような手をかけた肴に店の本領があるようだ。

「ワー暑い暑い」と入ってきた若い女性三人はいつもの席らしきに座り、店のスタッフにすぐ話しかけ始めた。お目当てのいる常連かな。硬派な室内で京割烹の工夫した料理を楽しめる都会的な居酒屋。
東急田園都市線・池尻大橋駅東口を右に行き、目黒川手前を右折、東山橋の右先。

新宿　鼎《かなえ》

今はお盆。居酒屋も休みのところが多い。となれば頼りは年中無休店。新宿「鼎」もその一つ（正月のみ休み）。空いてるかなと思ったら大入満員。若い男女も結構いて、お盆だからってどこか行ったりしない、こういう時こそじっくり飲むんだ。……かどうか知らないが、世間どおりになんかしないよという新宿らしい反骨精神か、他所がやってないからか。もっとも店は、若いのがみんな休みだそうで、中年の店長以下、古株の男三人が必死で切り回している。

ビールをぐーっとやった。「ほうれん草と焼椎茸のおひたし」はダシがきいておいしく、量もある。この店は地酒が充実し、黒板の「葉月鼎特選地酒」から最近好きな「会津娘」を選ぶ。一升瓶から片口に注いで出すのが鼎流で、片口にたっぷりの酒がゆらゆら揺れて見えるのがなかなかよく、二人だと大片口になり、徳利が一本出るよりもはるかに風情がある。ほどよく冷えたさわやかな旨口は望み通りだ。「鯵のなめろう」か「穴子山葵《わさび》醤油焼」かと迷ったが、「鱸《すずき》の昆布〆」で夏の冷や酒を楽しむ。

カウンター後ろの二畳ばかりの板張り小上がりが、私の気に入りの席だ。奥はテーブル席になったが昔は板張りのいい座敷だった。客席から赤ちゃんの泣き声が聞こえ、若い母親があやしながら抱き上げ外に出てゆくのが夏休みらしいほほえましい光景だ。混んでいながらそれぞれは、今日はゆっくり飲もうとのんびりしているようで、お盆の居酒屋もいいなあと思う。野田秀樹の新作公演のポスターがまぶしい。秋が来たら芝居でも見に行くか。

地下鉄新宿三丁目。寄席「末広亭」前を過ぎた十字路角の地下。外に品書あり。

新宿　池林房《ちりんぼう》

新宿の居酒屋といえば「池林房」にとどめをさすだろう。その特徴は、①うまいもの本位の実質料理　②若いのが黙ってきぱき働く　③安直な値段　④朝までやってる。つまり最も新宿的といえようか。いつも満員で、若者やマスコミ、映画演劇出版関係、すなわち大声でわいわい話しながら痛飲する連中が賑やかにやっている。

地下の店内に大形屋台を四つ置いた破天荒なスタイルは、いやでも顔突きあわせて飲む格好になり、屋台酒のようにおおいに談論風発、心を開いて飲んでくれという狙いだ。外の看板の名コピー「やれ歌え酒池肉林には届かねど」もその心意気。店内をよく見ると古電柱に裸電球、電線までありご念が入っている。私も打ち上げやら、出版記念会の流れやら、何かといえばこの店だ。

さて、たまには一人でとカウンターに座った。まずはエビス黒生をぐーっと一杯。改めて品書をしげしげと眺めると「鰻とトロロ磯辺揚げ」「ゆで豚ニンニクソース」「豚ナンコツ辛み焼」「ホルモン焼めし」などのスタミナ系が多い。ようしそれなら夏バテ回復。「鰻とニラ炒め」はもやし、卵も入り、ふんわりとおいしく大盛がすいすい食べられる。

黙々と中華鍋を振る男の太い腕が頼もしい。男が黙っているのはいいなあ、でも黙っている女はいやだなあと妙なことを考える。さらに名物「馬力和え（おくら、山芋、納豆）」で栄養的にも完璧。店員が板場に注文を通す「馬力くださーい」はおいらの叫びでもある。そこに店主現れ「一人？　隠密取材？　ははは」とからかわれた。

やっぱりここはいいなあ。

地下鉄新宿三丁目。寄席「末広亭」前の通りの右手地下。

新宿　はまぐり

ファンにはよく知られた貝専門店。貝は私の大好物で、あれば必ず注文する。今日は貝だけ食べていられるとワクワク。

はじめにミニグラスでしじみスープが出る。肝臓保護だ。お通しのしじみのニンニク醬油漬けはとてもおいしく一粒ずつ大切につまむ。品書は刺身・焼物・煮物・揚物・一品料理などに分かれ、すべて貝。貝のオンパレードだ。昆布にのせて焼く昆布焼も、牡蠣・ハマグリ・北寄貝と三種ある。ちなみに本日の刺身は鳥貝、小柱、赤貝、平貝等々。

「青柳刺身／北海道」は朱色の舌切りにひも（水管）もつき、甘味も味も濃い。「揚巻塩焼／有明」は裸にむかれた揚巻貝三体が、殻を枕にうっすら湯気をあげて横たわり、ほんのわずかの塩加減（使っていないかも知れない）と焼加減はさすがに貝専門店だけあり、この貝を最上の状態で食べていると確信させるすばらしさ。黒板に書かれたおすすめ「つぶ貝串焼」の塩焼もまた、これ以上焼いても手前でもいけない絶妙の火加減。「銀嶺立山」の冷や酒を合いの手に感心して味わう。つけ合わせも揚巻にはエシャレット、つぶ貝にはひねしょうがと相性を考えてある。

「生牡蠣はいかが、一個一〇五円です」とすすめられ驚いた。黒板の値段は一〇五〇円の書き間違いとばかり思っていた。それならと二個頼んだが堂々たる殻牡蠣で、レモンをぎゅっとしぼり口に入れると夏牡蠣らしく味が濃く、これは得した得した。

さざえの蓋を二個張りあわせた箸置が可愛く、楊枝入れは姫サザエの殻、店の人もたいへん親切で言うことなし。

伊勢丹から新宿通りを四谷方向、左二本目のかなめ通りを入ってすぐ右。

湯島　岩手屋

不滅のキャッチフレーズ〈奥様公認酒蔵〉の「岩手屋」に久しぶりに入った。檜の白木カウンターに座り、冷やし茄子焼がおいしい。

店内には額装の書や文人画が多い。書「長楽萬年」は中村不折、「為岩手屋」として河童が「大入叶」の幟をかつぐ墨絵は向井潤吉だからたいしたものだ。昭和二十四年開店のこの店は近くの芸大の先生に愛され、学生を連れてくることもよくあるそうだ。田舎然とした素朴な居酒屋が好まれるのだろう。卒業して結婚すると、まず新妻を連れてきて奥様公認とする。奥様も主人がここで飲んでいるのなら安心という寸法だ。私は芸大を志して果たせなかっただけに、もし入学していたらここで飲んでいたのかと思うと感慨がわく。

岩手の酒「七福神」がうまい。この「てづくり大吟醸」は昭和四十一年に発売された大吟醸の先駆けで、私が吟醸酒を初めて飲んだのもこれだ。そんな話をすると主人は、大学の先生たちがこれはうまいと支持してくれたんですよ、と懐かしそうだ。天井にいくつも下がる杉玉（酒ばやし）は岩手・石鳥谷の蔵元から毎年届くものという。

「大吟醸のお燗をしてみませんか、これやるのはうちくらいです」

それは望むところだ。目の前の古風な循環式燗つけ器が気になっていた。一瞬にして燗された大吟醸はほんわり温かくたいへんうまい。「とんぶり」がよく合う。

テーブル席では中高年の男女グループが楽しそうだ。この歳になると男も女もなくカラッとしたものだ。何十年の客ばかりだそうで、これこそ奥様公認の役得だろう。

地下鉄湯島駅4番出口から大通りのひとつ裏へ。近くにもう一軒あり兄弟店。こちらは七福神看板の方の店。

本郷　ぎおん

本郷三丁目から続く本郷通りは、いかにも大学風な東大のクラシックな校舎の赤レンガ塀と、向かいの学術書古書店街にはさまれた、東京一アカデミックな雰囲気の通りだ。そこにさりげなくある店。小さな白木カウンターと小卓二つの、典型的な昔からある町場の居酒屋の店内。丸竹で化粧された腰壁とカウンター立ち上がりが古風だ。色艶よい年配主人をおかみさんが手伝う。

品書はきんぴら、ポテトサラダ、茶豆、〆鯖、青柳刺身など。「まぐろ刺身」六百円が最高値の庶民的な居酒屋だが、いかにもたたき上げた居酒屋主人の風貌が店内をピシッと引き締める。きれいに包丁目の入った「茄子煮」はよく煮染められ、ほどよく油がからみたいへんおいしい。茎の緑と紅色が美しい「谷中生姜」に赤味噌をつけてガリッとやると、昔ながらの東京の居酒屋で一杯やっている気分になる。

カウンターで何やら静かに熱心に語っている中年二人は東大の先生だろうか。右端は若いアベックだがこちらも落ち着いている。ピケ帽をかぶった気楽な格好の白ひげの一人客がやって来て、カウンターに座りながらおかみさんに声をかけた。「東大出販会は、誰来てる?」「みえますよ、Tさんとか」。やっぱり来るんだ。小鰭《こはだ》は時季の新子で、スパッと入った化粧包丁が美しい。若くしなやかな小鰭は初物好みの江戸っ子のものだ。白木の細格子戸、酒は「菊正宗」。小さな居酒屋の落着いた雰囲気が、学者先生に好まれているのかもしれないと思った。

本郷三丁目交差点の角の交番から東大に向かい、数軒先の左。

築地　やまだや

黒を基調にしたシックな店内は無国籍風。刺身を「鯛」か「ワラサ」か悩んでいると、マスターが「一皿六切れ盛りを、三切れの半盛りにもできます。値段は半分です」と進言。それではと鯛とワラサの半盛りずつにしてもらった。そのあっさり脂ののったワラサがとてもうまい。ワカシ↓イナダ↓ワラサ↓ブリ、の出世魚だ。

保冷庫から出して並べてくれた酒から、奈良「風の森純米大吟しぼりたて生」を選んだ。「これもハーフもできます」のうれしい返事。黒いエプロンの、ヨン様に似たマスターは気さくでとても親切だ。

品書は「穴子煮おろし」などの居酒屋の肴だけでなく「帆立クリームコロッケ」な

どの洋風も充実。開店以来の人気メニューという「自家製のカマススモークとザーサイと三つ葉の炒めご飯」(隣の人のを見ていたがとてもおいしそう)などご飯物も充実。そのためか、ヨン様人気か、女性客がとても多い。「佐賀の川島豆腐」は台風のため本日入荷なしで残念。「手もみキャベツとアジの開きのあえもの」(これもハーフあり)はアジ干物の焼きむしり浸しで、しゃきしゃきキャベツと焦げ風味のお総菜風の傑作。「あん肝と茄子のりんごソース」もたいへんよかった。

厨房には男三人が黙々と働く。ワインも充実し、気どらずにおいしいものを楽しめる居酒屋党も納得の店だ。使いやすい細い竹箸はここのオリジナルで七百円で売っており、私も買って帰りました。

地下鉄築地1番出口から、本願寺を右に見ながら隅田川方面へ。興和築地ビル向かい。

勝どき　やまに

昔は大きな木造二階家だったこの店は、壁一面に貼りだした品書ビラが迫力だった。今はビルの地下一階。広い店内は当時を伝えるように、やはりずらりとビラが並ぶ。

「大間・生鮪頭刺」「佐島・真たこ」「小柴・しゃこ」等々。〈新子〉とふられた「こはだ」はきらきらと光り、軽い風味と香りがたまらない。今年は新子をよく食べた。

いつも注文するのは「生青のり」と「青柳つけ焼」だ。きちんとヒモのついた舌切りを醤油たらりでほんの温める程度に焙《あぶ》った香りが酒に合う。私の好きな「ねぎま汁」はまぐろと真っ白な筒切り葱にきっぱりした醤油味でこれぞ江戸前。品はほとんど千円以下。すぐ隣は築地市場、いやでも魚は新鮮だ。「やまにオリジナルビール樽生」は、ワールドビアカップ金賞受賞の新潟地ビールで、しっかりと腰のある逸品だ。

大きな蕎麦屋のようなけれん味のない店内は、大勢でも一人でも気軽に入れ、奥には広い座敷もあり、集まりなどにまことに都合がよい。夜八時半に十二人の予約電話が来て、机をくっつけ始めた。団体で入れるよい居酒屋はなかなかないが、ここは誠に格好だ。店の一隅に椅子を並べ、客が忘れたらしい夕刊と煙草いくつかを置き〈ご自由にどうぞ〉とあるのがいい。

いささか髪の薄くなった主人は気さくで店の女性も腰低く、何の気兼ねもなく酒を飲み、話をするのに最適な居酒屋だ。ここを出た後、すぐ近くのクラシックな勝鬨《どき》橋から眺める満々と水をたたえた隅田川に映る高層ビルは東京最高の夜景といえよう。

地下鉄大江戸線勝どき交叉点角の、勝どきサンスクェアビル地下。すぐわかる。

月島　岸田屋

月島の古い大衆酒場「岸田屋」を久しぶりに訪ねた。
「酒」の大暖簾も店内も何も変わっていない。数年前ご主人岸田篤哉さんが亡くなられ、今は奥様と娘さん、ご主人の妹さんの三人でやっている。生魚などの品は減ったがまだまだ肴の数は多く、まずはビールに「新生姜」だ。開店時間頃は相変わらず混むと聞き、今日は九時に来たが腰を据えた客ばかりだ。店内いっぱいのコの字カウンターの間は人ひとり通るだけの幅の六十センチほどしかなく、同じカウンターを囲む一体感がいい。

天井隅の扇風機が店全体にゆっくりと風を送り、置かれた団扇《うちわ》を使いながらのビールがうまい。節のあるカウンターの枯れた味わいに、壁の住吉神社例大祭、築地波除神社酉の市のポスターがよく似合う。ここは昭和三年の築というからもう相当古いが、ご主人が木だけはかなりよいものを使いましたと言っていたとおり、柱も腰板も寸分の狂いもない。その古い店に、目のぱっちりしたとても美人の娘さんが颯爽と働いているのが心強い。

前の中年男三人は「健康第一、お金は第二」と力説中。私の隣の若いカップルは肉豆腐をおいしいおいしいと食べている。私は黒ビールに「穴子煮」だ。音を消したテレビドラマをぼんやり見ていた客が「あ、これ月島や、ほら西仲橋」と叫び、皆がいっせいにそちらを見た。

夏も盛りを過ぎ、なんとなく落ち着いた下町の夜。近所の人が居酒屋に集まりくつろいでいるのは、まことに心なごむ光景だ。時間をかけてでき上がったのがこの居心地のよさなのだろう。

地下鉄月島、または勝どき。西仲商店街の南端。

以上　「今夜の居酒屋」(『日刊ゲンダイ』二〇〇四年／一〜三月、七〜九月)

三軒茶屋　うち田

ターミナル駅渋谷から二つ目の三軒茶屋は、生活感のある町をただ歩いているだけでたいへん楽しい。地下鉄出口を上がると目に入る、赤い高層のキャロットタワー前の三角地帯は、戦後マーケットの雰囲気を残す小売店が懐かしく、奥の細路地の飲み屋街はまさに迷路。夜はちょっと度胸がいるが、明るい昼に探索してみるのも一興だ。四方に伸びる道はどこも色んな個人商店が延々と続き、もう終わりかなと思った住宅街の奥にゆくほど、雑貨などの個性的な店がある。生活感といってもモダンなレトロ感覚はやはり山の手のセンスだ。

居酒屋やレストランなど気軽でおいしい店は山のようにある。キャロットタワー手前を右に行き、道なりに二百メートルほど行った右が評判の居酒屋「うち田」だ。

五席のカウンターと、上がりがまちが曲線にカーブする小さな小上がりのとても小さな店。ビールで喉を潤しながら壁の品書を見てゆくと、魚貝、煮物、イベリコ豚など旨そうな料理がずらりと並び、これ頼もう、あれも取ろうでたちまち候補が増え、さらに先日、岩手に行ってきた土産の岩手スペシャルとして、前沢牛や新鱒などが加わりうれしい悲鳴だ。ようやく注文を終え箸をとったお通しは、マグロ赤身にクレソン葉を散らして赤緑の対比うつくしく、味香りとも申し分ない。岩手ものから選んだ珍しい地酒「鷲の尾」は質実剛健な東北らしい味だ。

届いた「金時鯛刺身」のピンク色の美しさに息を呑む。刺身は醤油だけで味わい、そのあと山葵《わさび》をちょっと口に入れるのが私の刺身の食べ方。その、長次郎銘の鮫皮おろし金にのる本山葵のツーンと切れる辛みは、まさに〝浄瑠璃と山葵は泣いて喜ぶ〟だ。しめしめこれは後から山葵だけで一杯飲める。時季の貝「アオヤギの醬油焼」はつけダレに二回くぐらせ、乾かす程度の焼き方で十尾もあり（数えました）、酒がすすむすすむ。こちらは七味唐辛子。

小さな店内に、開け放った玄関から入る風が心地よい。真っ白な調理着、調理帽が清潔この上ない主人は、男っぷりよく、年に三回ほど地方に出かけ色んな食材や郷土の味を勉強して、メニューに加えているそうだ。和食のみならず、隣の人の頼んだ「新じゃがアンチョビチーズ焼」がうまそうだ。

しかしそれらを凌駕する圧倒的な感銘は、白板の「おふくろの味」から選んだ「野菜煮物」だ。カウンターの鉢植えから今ちぎった山椒葉をのせた、大根、人参、蓮根、里芋、こんにゃく、厚揚げの、飾り気ないナタ切り煮物の甘めの味のすばらしさ。思わず涙声で「おかあさーん」と叫びそうだが、そのはず、これは主人の母上が近所で別の居酒屋を開いていて、その手作りがこちらにも届くのだ。この母にして、この子あり！

岩牡蠣、水茄子、青森産にんにく素揚げ、おふくろの味の白和え、鮎押し寿司はこの次に未練を残し、店を出た。大きな手でしっかり結ぶおにぎりもおいしそうでした。

品川　牧野

品川駅港南口は、三菱重工業やキヤノンなどの見上げるような巨大なオフィスビルが緑地歩道をはさんで文字通り林立する一大高層都市となったが、抜けるとすぐに東京湾の屋形船をもやう船溜まりで、おもしろい対比を見せる。

すぐ横を通る旧東海道は、のどかな北品川商店街通りだ。ここは東海道一番目の宿場町。ゆるやかに蛇行する道は当時と幅も変わらず、小さな商店が軒をつらねる。豆腐屋、玉うどん製造所、道まで果物を置く八百屋、ぴかぴかの魚が並ぶ魚屋のガラスケースの仕出し刺身がうまそうだ。右書き看板文字の星野金物店の、戦災を免れたみごとな銅貼り建物は一見の価値がある。裏路地は道の真ん中に手押しポンプ井戸が残っていたりしておもしろく、家々の複雑な間を抜けると京浜急行・新馬場駅前北口から北馬場参道通り商店街に出た。さて居酒屋だ。

戦前から続く大衆割烹「牧野」は、三代目になった今も地元で不動の信頼を得ている。ま新しく清潔な店内は酒飲みのための居酒屋というよりは、家族で安心して江戸前魚料理を楽しめる家庭的な雰囲気だ。魚一尾そのままの「活魚おどり食い」はすべて「活き」で豪華な平目、真鯛も、また一人でも食べきれる鯵や車海老、真タコを味わえる。

当店の一番人気は「活穴子七輪焼」だ。毎朝届く活穴子を、注文を受ける度に生簀《いけす》から出して裂く。よって一人前は必ず一尾だ。大皿に並んだ穴子は、白肌に生き血がかすかに残りピンク色をなして美しい。驚くべきはその「切身」がまだ生きて、ふつふつと泡を吹きながらぴくりぴくりと身をよじっていること。穴子の強じんな生命力に圧倒される。

七輪の真っ赤な炭に網がのって机に置かれた。

「皮側から焼いてください。ある程度よく焼くほうがおいしいです」

ぴくぴくしているのをのせ、しばらくすると、熱くてたまらないというように背をぐーんと海老反りして、体操のブリッジのようになり、それが限界に達するとコロリと横に倒れ、そのまま横立ちしている。したたる脂が炭火に落ち、いい匂いがしてきたがまだ早い。感じとしてはおよそ十分待つとようやく、こんがりときつね色がつき、乾いてきた。よおしそろそろ。山葵《わさび》醤油につけてパクリ。

外皮パリッ、中ふっくらの穴子白焼は目の前で焼けた楽しみもあり、えもいわれぬうまさ。穴子好きは泣いて喜ぶに違いない。私は諏訪の銘酒「真澄」純米吟醸の冷やを相手に、一人で一尾を穴子三昧にふけった。

六時を過ぎると次々に予約客がやってきて大忙しだが、厨房の四人の威勢よい若い衆と、お運びの女性はてきぱきと働き、注文を少しも待たせない。派手でも何でもない地元の客と、誠実一途な店の姿勢。そして都心を少し離れた街道筋の、なんとはなしのローカルな開放感。まことに健全な居酒屋がここにある。

浅草　志ぶや

年の瀬を迎えると人込みを求めて浅草に行きたくなる。酉の市も過ぎた雷門界隈は気のせいか人の歩みもせわしなく、早くも気持ちは大晦日、初詣に移っているようだ。季節感の薄れ行く昨今、雑踏を歩くことが歳末気分を盛り上げる。浅草寺恒例の正月しめ飾り市にはちと早いが、なにがしかの正月の買物を楽しんだら、雷門右、かんのん通りに四時半からやっている居酒屋「志ぶや」に入ろう。

常に半開きの戸の暖簾を分けると長いカウンター、左は鉤《かぎ》の手に小上がり。カウンターは低めで酒を飲む手が落ち着く。一方小上がりの座は高く、座ると、店の人、カウンター客と目線が同じ高さになり、昔の居酒屋の設計の巧みさに気づく。魚屋から居酒屋に転業して四十年、ご近所に不動の信用をもつ生粋の浅草居酒屋だ。

肴はまずは「煮こごり」だ。茶色の半透明にサメの切り屑が透けて見える煮こごりに辛子をなすりつけ、口に入れるとはかなく溶けてゆくうまさ。そして含む燗酒に、いやもう冬っていいですねー、と頭をぶんぶん振りたくなる。その酒がまた、「神亀」「奥播磨」「伯楽星」「睡龍」「酔右衛門」など燗酒の最高峰ぞろいだから、まったく文句のつけどころがない。

「お酉様と煮こごりは一緒にやって来る」

「ははは、うまいこといいますねえ」

包丁を手にしながらにっこり笑う二代目息子さん、そのお母さん、焼き台に立つ若い衆、ベテランのお運びのおばさんの息はぴったりと合い、それぞれがてきぱき働く雰囲気がいい。

私のおすすめは「かきわさ」。酢がきもあるけれど、おろし立て本山葵《わさび》で食べるこれは、生牡蠣の旨みがスパッと山葵で切れ、たいへんいける。

頼んで重宝するのが「みそ豆」だ。味噌を作るために茹でた大豆で、昔の東京を知る人には懐かしい品のようだ。根岸の古い居酒屋「鍵屋」のお通しはいつもこれだ。

小鉢に、結構量があり、刻み葱に青海苔をまぶし上品に出てくるが、納豆のようにエイヤとよくかき回し、一粒一粒つまんでゆくと次第においしくなり、最後の五粒あたりは最高の味になる。

もう一つすすめるのなら東京の居酒屋でもっとも粋な一品とされる「小鰭《はだ》」だ。銀肌とピンクの対比美しく、旨みがしっかりと凝縮し、これまた燗酒が止まらなく、まさに江戸っ子気分極まれり。

いい歳をした男女が気さくに飲める居酒屋はなかなかないが、ここは中高年男女が多いのが嬉しい。一緒に来ていたお婆さんが帰り際に玄関で振り返り、いい店だったというように深々と頭を下げて出てゆくのがこの店のよさを余さず物語る。

「いよいよ大晦日だね」

「そうなんですよ」

三十一日から元旦にかけてはオールナイトで初詣の客を迎える。ここで新年の酒を酌む常連がいっぱいいるそうだ。いよいよ東京の正月だ。

錦糸町　井のなか

東東京の繁華街錦糸町は、宝塚少女歌劇の創立者・小林一三が、一九三七（昭和十二〇年、まわりは工場ばかりの駅前に作った一大娯楽センター「江東楽天地」に発する。

駅北口の空中に勾玉を組んだような巨大オブジェを見て、少し行くと「江戸切子館」がある。江戸後期から墨東地区は切子硝子職人が多く、シューンと硝子を削る音は江戸風情の一つといわれたそうだ。江戸切子は薩摩切子の男性的な直線模様に比べ、花鳥風月を描くやわらかな曲線にある。雨の新大橋、向島桜堤、佃島白魚網など江戸風景のぐい飲みもいいが、私は爽風になびく藤の花のふたロビールグラスが気に入った。

錦糸町にオープンして、たちまち評判となった居酒屋「井のなか」はすぐ近くだ。長いコの字カウンターと板張りの小上がり。日本橋の名店で修業した店長は人呼んで「純米燗酒の伝道師」。お燗酒のために探し当てた十二穴のみごとな丸い銅製燗つけ器がその象徴だ。「諏訪泉」「花垣」「伯楽星」「雑賀」「神亀」などキラ星の酒揃えから「るみ子の酒」の活性にごり（まだ酵母が生きている薄濁り酒）のお燗という荒技に挑戦してみよう。

届いた徳利は湯気の立つ熱燗。つよい酸味とほどよい甘みは、雛祭りの甘酒のようで、あまりの香りの高さに一杯目は思わずむせてしまい、ピチピチの若い女性に囲まれて上気したような気分。まさに男をとろけさす乙女の軍団だ。

私の座るカウンター端には常連客のマイ盃が一人一ボックスをもらい並んでいる。知人のもいくつもあるが、殆どが蕎麦猪口で冷酒用らしい。わかってないな。燗酒には盃。今使っている私のを見習えと気炎を上げる。

産地にこだわった食材の品書きから選んだ「づけ鮪と〆鯖の盛りあわせ」は、つんつんワサビを効かせるととてもおいしい。品書き最後にひっそりとある地味な品「キャベツ炒め」は、自家製パンチェッタ（ベーコン）少しと三浦キャベツを塩で炒め、仕上げにバターを少し落としただけという簡単なものだが、しゃきしゃきした歯応え、甘み、香りに感嘆し、春が力強くやってきたようだ。それではと追加した「湘南葱焼」は太く固く、まっすぐに長い葱の塩焼で、これがまたねっとりと甘く、野菜の力に驚く。単純ゆえに焼具合がベストのためと思われ、これは葱のステーキだ。

日本酒好きらしい若い女性二人、近所の人、美女三人に囲まれたひげ男というらやましいグループもいる。品書きや徳利など至るところにちょこっと顔を出すカエル君のイラストがかわいらしく、スタッフそろいの紺のTシャツは酒屋の前掛けをした青カエルが徳利を持ち、どうぞ一杯のポーズで、着ている本人と変わらないのがおもしろい。店の盃には漫画「夏子の酒」に登場する上田先生のモデルになった日本酒指導の第一人者、故・上原浩氏の言葉「酒は純米、燗ならなおよし」が入る。

ひと足早い春を、この店のお燗酒でどうぞ。おっと、江戸切子二口ビールグラスでビール飲むのを忘れた。

本郷　田奈部

本郷といえば東京大学。旧帝大の威厳をたたえた荘重な赤レンガ建物群は学問の殿堂そのものだが、門内に入れば緑にかこまれた三四郎池や、腹いっぱいになれる学生食堂もあり（おいしいです）、東大生気分にひたれる。レンガと鉄柵の長い塀の続く本郷通りは散歩にとてもよい。

通りの向かい側は専門書の古書店、カレーが名物の喫茶店など学生ご用達の店が並び、眼鏡店が多いのもいかにもだ。奥は古くから住む落ち着いた住宅地で、大学の先生が大切にされた戦前の雰囲気を今も残す。学生下宿だった木造の大きな旅館は、今は修学旅行団体が上得意だ。高校では東大見学のコースもあるらしい。

谷の下になる旧菊坂町は、かつて一帯は菊畑で菊作りが多く住んだことに由来するという。一段下がった脇小路は明治時代に樋口一葉が住み、当時の共同手押しポンプ井戸が残っている。今はお札に登場する文学少女は、ここでつましい生活をしながら人の世の姿を名作に残した。

さて散歩を終えて一杯やろう。大学の町にふさわしく蕎麦屋酒だ。本郷三丁目交差点すぐ裏の蕎麦屋「田奈部」は、角地を黒塀で囲み、置行灯が茶の暖簾を照らす上品な構え。蹲《つくばい》に筧《かけい》の水が清々しい。玄関すぐ左のガラス越しに白木まぶしい蕎麦打ち室が見える。ベージュと焦げ茶でまとめた卓席だけの店内は落ち着いた雰囲気だ。

ここに来たのは日本酒が充実していると聞いたからだ。「神亀」「花垣」「伯楽星」「るみ子の酒」などから選んだ、今、注目の奈良の酒「睡龍」にした。

ツイー。

けれん味のない純白磁器の徳利から同じ極薄の盃に受けた、ややぬるめの燗は温かやわらかく、今の季節にぴったりだ。蕎麦屋だからあまり大物料理はないが、小鉢に緑と淡い鴇《とき》色の「小松菜とアサリのからし和え」は酒によく合う。

早春。ながい冬を抜けたこの季節が私は大好きだ。春は生命の誕生するとき。町ゆく子どもたちまで常よりもはつらつと見える。野山からは生命の息吹が届く。そのひとつ、今年最初の「若竹椀」をここで味わおう。新筍のえぐ味、新若布のやわ肌、山椒木の芽の強烈な香気、すまし椀に春のみずみずしい若さが発露している。「豆鯵の一夜干し」は十センチほどの開きが二尾。身をしんなりさせ、かすかに焦げ風味を与えた程度のデリケートな焼き加減は、若い鯵の風味を大切にしている。

きちんとした背広姿の男性四人組がなごやかに談笑しながら盃を傾ける。三つ揃えに白髪の大学教授らしきと、助手だろうか若手の女性の二人はこの店に似あう。ゆっくり話の聞き役に回り、終わるとおもむろに口を開いて問題点を整理するのは先生の話し方だ。大ぶり朱塗り椀の「そばがき」が人気らしくよく注文が出ている。

私も蕎麦といこう。端正に角の立った腰の強い蕎麦は甘味があり、あっさりめのつゆとよくなじみ、ほどよく腹も仕上がった。

丸の内　神田新八

六本木ヒルズや東京ミッドタウンなどの話題のビルに行ってみたいけれど、カフェやレストランばかりでつまらんという居酒屋派に朗報だ。

話題の新丸ビルの、飲食フロア五、六、七階のうち五階がおもしろい。レストラン大宮（本店浅草）、串揚はん亭（本郷）、おでんこなから（湯島）、もつ焼日本再生酒場（新宿）、古酒と琉球料理うりずん（那覇）、と並ぶとニヤリとする人も多いだろう。

いずれも庶民的で信用のある店ばかり。もちろんハイセンスなレストランやワインバー、カフェの方が多いけれど、ハイソな丸の内に意表をついた庶民グルメの店選びは、なかなかよく「わかっている」。日本再生酒場などは、もつ焼立ち飲みブームの火つけ役ともなった人気店だが、欧米一流ホテルのような余裕と本物感のあるビルの中で、ビールケースを机がわりの堂々たる立ち飲みだ。そして居酒屋派にはつとに信用高い「神田新八」が初めて支店を出した。

「こんちは、開店おめでとう」

「あらー、よく来てくださいました」

神田からこちらの店長に女性の渡辺さんが来た。ぴかぴかの店内は椅子席ばかりで、小部屋もある。古民家の建具や家具をこつこつ集めてきた本店の佐久間さんはコレクションをここぞと放出し店作りに凝ったらしく、ひさご型の抜き窓などが粋だ。私はみごとな一枚板カウンターへ。

ではメニュー。つらつら見てゆくと、品も値段も神田と全く変わらず、丸の内値段でないところがうれしい。新八は日本酒の品揃え、とりわけ、評判の近刊『闘う純米酒――神亀ひこ孫物語』（上野敏彦／平凡社）で一層知られるようになった埼玉の名酒「神亀」を常時全種類揃えることで知られる。祝いの一杯はこれしかない。神亀

「小鳥のさえずり」を燗でいこう。新八といえば酒にあわせた絶妙なお燗が有名だ。やってきたうるさ型の客（オレ）に出す燗具合やいかに。

ツイー。

「……まことに結構です」

「よかったー」女性店長のほっとした笑顔に笑いあう。

新八名物の一つは熊本直送の「馬刺」だ。私は赤身が好み。新丸ビルで馬刺で一杯やれるとは嬉しいじゃないか。客は丸の内の一流を感じさせる落ち着いた会社員二人、きれいな女性を交えた若手グループ、新丸ビルを見に来たらしきリタイア組。男は純白ワイシャツにネクタイ、女性はスーツがぴたりときまり、地味で品のよい服装ばかり。くだけたジーパンやだらしないシャツはいない。

居酒屋といえどもさすがは丸の内。日本酒は好きだけど品のない店は嫌というお嬢様や、奥様連れで来るのにこれほどよい店はない。引退した先輩が久々、嬉しそうにネクタイを締め上着でやってくるのにぴったりだ。料理盛りつけや皿小鉢も居酒屋の分を守りながらまことに趣味がよい。丸の内の会社員をよく描いた小津安二郎は必ずやひいきにしただろう。帰途は東京駅から鎌倉へ、がぴったりだ。

庚申塚　御代家《みよけ》

　都電荒川線にレトロなデザインの新型「都電9000形」がデビューしたと聞き、乗ってみたくなった。始発の早稲田駅にいたのは黄緑とアイボリーの従来型。先頭運転席後ろに立ち、満開の紫陽花の間に伸びるレールを、「トゥルー」と警笛を鳴らし進んでゆくのは、運転士にあこがれた子どもに帰ったようで楽しい。

　庚申塚で下車。ここからがミソ。降りたホームに目当ての居酒屋「御代家」がある。都電は車内精算でホームは出入り自由ではあるが、電車から降りたホームに店があるのが魅力だ。開け放たれた入口の長暖簾が揺れ、カウンターが見える。

　まずは焼鳥にしよう。品書の右から、手羽中、砂肝、ねぎま、レバーを注文。

「塩、たれ、どちらにしますか？」

「ウーン……」

「では手羽中と砂肝を塩、ねぎまとレバーをたれにしましょう」

　これは名案。焼酎「さつま寿」前割（店で水割りにして寝かせたもの）のお燗は、優雅な鶴首の白薩摩焼じょかで出される本格派。今の季節の焼酎ぬる燗はほんとにおいしい。

夕方五時。外はまだ明るく、カウンターからつい眺めるのはホームだ。目の前に五分おきくらいにごとんごとんと電車がやってきて停まり、客が降り、またごとんごとんと出てゆく。会社帰り、買物かごの主婦、下校の学生や子どもなど案外混んでいるが、幹線電車のような殺伐とした雰囲気はなく、市井の夕景の心温まる懐かしさがある。ちらりとこちらを見てゆくサラリーマンもいる。

「お待たせしました」

とどいた焼鳥は炭火の遠火でじっくり焼かれ、外はカリッ、中はしっとりの、えも言われぬうまさ。すぐに「はつ」と「はつしも（レバーとハツの中間）」を追加。人気の「生カブ」は葱味噌で食べ、きれいな甘味はこれまたたいへんいける。この店はロケーションのおもしろさだけではない、かなりの実力だ。時季の「揚巻き貝酒蒸し」もおいしい。

カンカンと踏切通過の音がして入ってきたのはえんじとベージュ、ツートンカラーの都電9000系で、思わず飛び出して見に行く。緑のベンチシート、オイルのしみたフローリングの床、説明文字も懐かしい昭和調だ。

「新型は音が違うので、来ればわかります」

満足して戻った私に、手拭い鉢巻き巨漢のマスターが微笑みかける。開店五年。変わった店名はマスターご夫婦の姓が御代さんだから。ホームの見えるここが特等席だけれど、木樽にあしらった花や、古簞笥調度も、趣味のよい小上がり座敷も居心地がよさそうだ。近くの雑司が谷鬼子母神のススキミミズクがいい。

電車ホームというとうるさそうだが、むしろ全く逆だ。電車の来ない間は軒の風鈴や、遠くの子どもの声がするばかり。電車は来てもアナウンスも何もなく、チンチンと発車合図をするだけで黙って出てゆき、かえってその後の静寂を強調する。この店の魅力は「静けさ」にある。まさに東京の隠れ里。

北千住　バードコート

北千住駅はJR、東武伊勢崎線、地下鉄日比谷線、千代田線が乗り入れる大ターミナル。大規模な整備も終わり、南口は大きなデッキ陸橋で広々となった。駅前左の通りは一大飲み屋街をなし、名物大衆酒場「千住の永見」はじめ「大枡」「天七」「幸楽」等々と、どこまでも続く。昼の明るいうちにこういう所をくまなく歩いて見るのも一興で、よさそうな店が見つかるかもしれない。

駅前からまっすぐの商店街は歩いて楽しく、子どもの多いのがうれしい。途中を左右にのびるサンロード商店街には「牛にこみ」で有名な大衆居酒屋「大はし」がある。今日は斜め向いの地鶏焼「バードコート」に入ろう。

さほど広くない店内は煙もうもうの焼鳥屋のイメージと違い、明るく清潔。品書きも「MENU」と書かれる。せまいカウンターの中には白い調理着の男たちが六人も立ち働く。一番大切な炭火床の前に立つ店主は、開店の五時半に顔はもう汗いっぱいに真っ赤だ。ここの火床は普通の倍以上深く、真っ赤に熾《おこ》った備長炭が何段にもぎっしり詰まる。その炭火の準備がようやく終わったところだろう。焼鳥は強力な火力が命。精妙に塩を振り、スプレーで日本酒を一吹きした串は、炭火に乗せた瞬間からみるみる色を変え、さらに団扇で火を煽り、裏表、向こう手前を何度もひっくり返し、最後にそっと指で焼け具合を確かめて皿にのる。炭火に脂が落ちても高温のためチュンと一瞬で消え、煙はほとんど立たない。

その焼鳥のうまさ！　「レバー」は外は塩味カリッ、中は甘みトローリ。腿つけ根のコブの部分という「ソリ」はころっと丸く、肉の噛み心地とジューシーな旨みにボリューム感がある。「砂肝」生はふつう焦茶色をしているがここのは新鮮きわまりない赤で、カリッと焼けた表面には途中で振った化粧塩が白粒で浮き、カカオフレーバーのような味を引き立てる。こんもりと盛り上がって崩れない有精卵黄身を添えた「つくね」は、黄金郷の味だ。

鶏は「ブロイラーで六十日、地鶏と言われるので百日。この軍鶏は雄で百三十日、雌で百五十日。最後の十日間は放し飼いできっちり脂を落とす」という奥久慈の軍鶏。焼鳥は焼くだけが料理法だが、ここはいわゆる焼鳥屋とは一線を画す鶏料理だ。その証拠に客は味と雰囲気にこだわりそうな女性がたいへん多く、健啖を発揮している。

鶏の合間に忘れてならないのは、葱専門の市場から出る「千住葱焼」だ。「千寿葱」と書くこの葱は、代々世襲か血縁、または十年以上の経験者に限られる「葱匠」（現在十一人）の厳しい審査を通った品しか使えない商標だ。固く締まった巻き、糖度（というものがあるそうだ）は十七あり、気品ある香り甘みはすばらしい。

「神亀」「竹鶴」など日本酒にワインもよく揃い、最後に絶品親子丼も待っている。フロアの女性も気さくでたいへん親切だ。電車に乗って訪ねる価値のある名店。

神田　一の谷

正月も過ぎ、何の行事もない冬の一日をマフラーを巻いて散歩に出よう。私は東京のよさは冬にあると思う。お茶の水の聖橋を渡り、湯島聖堂を右に見てしばらく行くと神田明神だ。初詣は人の渦になる明神様も人影少ない二月なればこそ、お参りも味がある。

「江戸っ子だってねェ」「神田の生まれよ」。神田明神こそ江戸っ子のご本尊。夏の神田祭の宮入りは壮観だ。境内には銭形平次の碑が建つ。平次は神田明神下に住んでいる設定だ。参拝を済ませたら正面右の急な石段、男坂を下ると明神下。江戸の頃はここから房総半島が見えたという。

下って左に歩くと、ちゃんこ鍋の「一の谷」だ。まだまだ寒い冬の日を鍋で一杯とゆこう。

鍋で一杯は誰しも期待するが、これが案外うまく行かない。鍋といえども料理。手順も、火加減も、食べ頃もある。なんでもぶち込んで煮ればいいんだは論外で、一回一回、煮屑をさらい、汁をきれいにするのが大切だが、腹の空いているはじめは生煮えを食べ、そのうち箸が出なくなり、煮え過ぎが大量に残る。

一の谷は鉄鍋に、すぐ食べられる状態に作って持ってくるので、世話や失敗の心配はない。作るのが好きな人もいるがやはりプロにはかなわない。

ちゃんこ鍋の店はたくさんあるけれど、ここの鍋は相撲部屋の域を超えた洗練された料理で、芸は鯛（鯛ですよ）のつみれにある。ねずみ色の鰯と違い、薄いピンクのつみれはまことに上品、味も格が違う。しかも案外にたっぷりあり、争わなくても大丈夫だ。

とはいうものの、ひと箸口にすれば酒も話も忘れ、しばし没頭するのは間違いない。白菜、豆腐、椎茸、えのき、こんにゃくに、緑のニラと、軍配に型抜きした人参が赤を添えて美しく、しっかり出汁をとったおつゆはいくら飲んでも飽きないが、随時足してくれるので煮詰まる心配はない。最後は玉子を割り入れたおじやで身も心も満足だ。

いきなり鍋では終わりが早いから、はじめは刺身の盛り合わせをとろう。白身いくつかに、マグロ、イカ、甘エビ、アワビ、シラウオ、タコなどに、磯の香たっぷりの生海苔が添えられ豪華な気分だ。

主人はもと高砂部屋の一の谷関。幕末の初代・一の谷が先祖の、代々の相撲一家で、四股名・一の谷も代々世襲。息子さんも力士を引退し、店の二代目として後を継いでいる。店の酒「一の谷」は福井の地酒で、名前が同じで置くようになった。

店内は主人が現役の頃から集めた相撲グッズや江戸の骨董でいっぱいだ。数年前に近くの元お茶屋だった由緒ある家から越して広くなったが、江戸っ子好みの粋なたたずまいは少しも変わらず、明神様の祠を上げて長火鉢を置けば、そのまま平次が晩酌に座ってもおかしくない。

「ねえ、おまえさん、あたしにも一杯おくれ」

「なんだ、おまえも飲むのか、まあいいや」

気分は長谷川一夫、酒は一の谷、肴は鯛のつみれ、相方は…。

目黒　キッチン・セロ

目黒駅東口を出て五分ほど歩き、上大崎交差点をわたると左に豊かな森が広がる。手前は庭園美術館、先は目黒自然教育園だ。自然教育園の広大な園内は、人の手を加えずに武蔵野の雑木林を保存し、荒れた池、倒木、積もる落葉もそのままの自然の姿がじつによい。売店で売っている高知・宿毛の竹皮草履は、素足に気持ちよい私の愛用品だ。

隣に続く庭園美術館は、対照的に旧朝香宮邸のアールデコ建築を囲むよく手入れされた西洋庭園。若いお母さんの手を離れ、芝生をよちよち歩き回る子供の姿を見るのは楽しい。都心にならぶ二つの森は山の手のオアシスだ。

駅に戻る道を右に入ったワインバー「キッチン・セロ」は、玄関脇にテラス一席、奥はカウンターの小さな店だ。オープンキッチンの料理担当は白調理着の女性ばかりで、ワインレッドのブラウスの女性オーナーがワインの注文を受ける。壁の棚を埋めるワインは瓶に直接ホワイトペンでボトル値段が書かれ、めんどうなリストを見て四苦八苦することはない。ここは気軽なワイン居酒屋、どうぞどれでも飲んでくださいという姿勢がうれしい。

でありながら、数々の料理はたいへん充実し、ワインも安いとあって、このタイプの新しい店に敏感な男女客で満員だ。お通しの「いちじく仙波豆腐マスカルポーネ白和え」はいちじくの爛熟した甘味とチーズの酸味を豆腐が巧みにつないで目の覚めるおいしさ。「秋鯖と焼ナスのカルパッチョ」は酢〆鯖と焼ナスにトマト、青紫蘇をのせオリーブオイルでまとめ、これもフレッシュ感がすばらしい。秋茄子と秋鯖は嫁に食わすなというが、どちらもオリーブオイルがとてもよく合い、白ワインがぐいぐい進む。ワインはグラスのおまかせ。今飲んでいるのは信州松本のデラウエアぶどうだそうで、さっぱりとかわいらしい味だ。この店は最近とみに評価高い国産ワインに力を入れ、国産およそ四十、その他を入れて二百〜三百種のワインはリストに書ききれなく、注文は好みとボトル直書きの値段で即座に決められる。

手もとのパンとオリーブオイル二種がつまみに手頃だ。やはりつまみに取った「岐阜のサラミ」は大粒胡椒に白カビ仕上げの私の大好物。これだけでいくらでも飲めるが、さらに料理が誘惑する。「自家製小羊のソーセージ」は大きな玉葱コンフィが添えられ、荒挽きのソーセージはジューシー。山梨県須玉の赤ワインと交互に、やめられない止まらないになってしまった。

ひと息ついてワインに集中。フランス・ロアールの木樽熟成のナントカという白ワインは、檜の香りがして深々とした満足感がある。カップルの多い店内はおいしいものの満足感がみなぎり、全員美人のスタッフとの距離も近く、友達のように話してとてもよい雰囲気だ。オーナーは、女優カトリーヌ・ドヌーヴの姉フランソワーズ・ドルレアック（代表作は姉妹競演『ロシュフォールの恋人たち』）に似たパリジェンヌ美人。通いたい一軒となりました。

四谷　ととや

四谷荒木町は、東京でも少なくなった昭和三十年代の雰囲気を残す飲み屋通りだ。やや下り坂の車力門通りの両側は居酒屋、料理屋、バーがどこまでも続く。夕闇に店の行灯看板が点々と灯をともし、左右の細い小路の奥にも枝分かれしてゆく光景は魅惑的で、こういう界隈に行き着けの店を持ちたいなあと思うだろう。

今宵の酒のお守りに、道が鉤の手に折れるところの、小さな金丸稲荷神社の石像の狐を拝んでおこう。囲む玉垣には、割烹蔦の家、芸妓屋梅政、家元花井小勘、四谷三業組合など、四谷花柳界の名が彫り込まれ、角の大きいのは伊勢丹だ。やがて外苑東通りに抜ける手前右の大赤提灯が、荒木町名物の居酒屋「ととや」だ。

「こんちは」

「太田さん、いらっしゃい！」

間髪を入れず飛ぶ声こそ主人のトミさんだ。働き者長男坊よろしき丸顔に五厘刈りの頭はもう白いが、威勢のよさはちっとも変わらず、このひと声ですっかり心が和む。

「もう何年？」

「太田さんと同じ歳、でも学年は違う」

私は三月、トミさんは四月生まれ。それぞれ長野、福島から東京に出てきて社会に入り、それぞれ苦労し、ともにこの歳になった。何十年も前、金のない駆け出しデザイナーだったころからここにはお世話になった。

「さんまね」

「はい、太田さん、さんま一丁」

通りにもうもうと煙を流す炭火焼魚がここの売り。秋にさんまはお約束。焼き上がりのまだじゅうじゅういうのを、腹からひと箸。この香り、この焦げ味、この苦味。東京の人はさんまが好きというが、どこか望郷の念につながるのかもしれない。

大皿の「じゃが芋の味噌からめ」はほっこり、「冬瓜の煮物」は優しく腹におさまる。最後には名物「味噌おじや」がある。カウンターと机の店内は、今日もこの店を愛する客でいっぱいだ。女性の一人客が多いのは、トミさんの飾らず実直な人柄ゆえだろう。奥の十人がけの大机は二年前、近くからここに移転するときに持ってきたものだ。

さてもうひとつ。私が決定的にここを好きなのは、店内につねに流れる往年の歌謡曲だ。三橋美智也、春日八郎、灰田勝彦、奈良光枝、島倉千代子…。戦後歌謡曲黄金時代の名唱にじっくり耳を傾け一杯やると、まさに万感の思いが去来する。自分は生きてきた、ともかくこうして生きてきて、今ここで一杯やっている。出世も栄達も縁はなかったが、なんの不満があろうか。

「太田さん、これ」

差し出された今年初の戻りカツオがうまい。そして含む酒もうまい。酒の味は高級、並などで決まるものではないとわかってきたのも年の功か。

ここそは実（じつ）のある居酒屋。わが居どころ、生涯の友だ。

三鷹　きんとき

夕方、新宿から西へ中央線に乗ると広がる空に夕焼け雲が美しい。高い空に鳥が飛んでゆく。郊外に進む電車はどこか望郷の念をかき立てる。三鷹駅でおりてすこし歩き「きんとき」の玄関を開けた。

夕方六時、私が最初の客で右奥の四席のカウンター端に座った。さほど広くない店内。白いクロスのテーブル席が並ぶ落ちついた雰囲気は親しい人や家族との気軽な会食に向きそうだ。都心からここまで来ると、仕事帰りの一杯よりは個人の世界なのだろう。

料理は「伊・五二五〇円」「呂・六三〇〇円」「波・三五七〇円」のコースの他に単品もある。「波」にして、まずはビール。

先附（お通し）の二品「茶豆と昆布を出汁で炊いたもの」「隠元と粟麩の白和え」が、黒塗りの角盆に美しい。箸置は茶筒に使う桜皮の匙を伏せて使い、これはいいアイデアだ。続いてお造りが二品。「鯛の昆布〆」の鯛の紅白にあしらった、緑の玉ミズは、納豆のように粘りのある面白い山菜だ。うっすら浸したぽん酢は近所の無農薬夏みかんで作ったそうで、柑橘の甘みがほんのり香る。もう一鉢は「松輪鯖、赤いか、太刀魚」の三品盛り。ここで日本酒に替え、奈良の「風の森」を燗にしてもらった。松輪鯖は今が時季、赤いかは軽く湯通しして鹿の子包丁が入り、太刀魚は皮を軽く焙って、酒とともに箸が進む。

この店は吉祥寺で十三年、昨年ここに越してきたそうだ。私の座る隣に飾られた短冊は、常連の方がそのときくださったものという。

「あきくさのむさしのの西へ一里ほど」

清楚な達筆が目に涼しく、秋の今日にぴったりだ。「冬、春、夏の短冊もいただかないと」と言うと奥さんが娘さんのように笑った。きんときという飄逸な店名は「金時」とは赤色のことで、お酒でほんのり赤くなった様子をイメージしたそうだ。デザートには「きんとき芋レモン煮」もある。もと寿司店だった店は清潔で、下がる電灯の古風な笠がそれぞれ形が違って趣きがある。

「前の店から持ってきました」

そうか、昔の電灯は運べるんだ。子どもの頃に家を越すとき、すべての荷物を運び出してガランとした座敷で父が最後に踏み台に乗り、電灯の笠を外していたのを思い出した。都心をはずれた郊外で酒を飲んでいる空気感が、そんなことを思い出させるのかもしれない。

これも小鉢の「蛸のやわらか煮」はほんとに柔らかくたいへんおいしい。名物「焼ゆば豆腐」は豆乳を葛《くず》で固めて表面を焼き、軽く焦げ目をつけ、ぽつりとのせた大徳寺納豆がアクセント。中はとろりと柔らかくフグの白子ようだ。以上で「波」コース終了。軽く酔ったが腹には余裕があり、本日の「焼茄子汁かけ飯」を食べようか、どうしようか。

郊外で静かに酒と肴を楽しむ。ご夫婦でいかがですか。

学芸大学　件《くだん》

訪ねたいと念願していた居酒屋にようやく本日来た。東横線学芸大学西口のひとつ脇道。開店時間にはまだ早く近所をひとまわり。山の手の落ち着いた駅前通りは、ほどよい生活感でおいしそうな店が並ぶ。超高価なオーディオショップに見とれて戻り、暖簾をくぐると、五時二分なのにカウンター端には若い美人女性がすでに端然とビールグラスを手にしている。距離を置いてカウンターの壁際に座った。

私も頼んだビールはクリーミーな泡が盛り上がり、思わず半分くらいまでグイグイ。もうこの店の実力がわかる。お通しは小さな鶏手羽の粕汁スープのようなもので、スタートにほどよい満足感だ。おでんつゆの匂いがうっすらと鼻をくすぐる。おすすめの「牡蠣おでん」はぷっくりと膨らみ、中はほんのり冷たさが残るくらいの温め加減がぴったり。おつゆは透明だ。

「酒と楽しむおでんは、昆布出汁のきいた関西風がいいですね」

青い刺子の作務衣に剃髪の主人は若い修行僧のように落ち着いている。「件」は開店四年め。噂に聞いていたが日本酒の揃えはすばらしく、今（今というのはここ半年くらいです）注目の新鋭酒と定評ある実力銘柄のバランスに見識を感じる。端の女性客の静かな声が聞こえた。

「奥播磨を五十度で」

燗酒に最適の銘柄を温度指定するとは、なかなかやるな。対抗上というわけでもないが「大那を四十五度」と注文。木桶にいくつもある中から選んだ和歌山地酒「黒牛」の古盃がいい。かの女性は益子風のを選んだが、その時そっと指で盃の厚さを測っているのを私は見逃さなかったぞ。飲み方は背筋をのばし「ツィー」。若いのにみごとな飲み方だ。

肴は刺身をはじめ、白身魚と水菜の卵とじ、新しゃも、焼蓮根などうまそうなものに、鯖へしこ、ホタルイカ沖漬、高知デビラカレイ、富山うるかなど酒の珍味が充実する。頼んだ「大山地鶏塩焼き」は柚子胡椒と、タイムの小枝を素揚げして塩を振った「タイム塩」というものが添えられこれがうまい。時季の「あん肝」「生ハタハタ焼き」とぐいぐい酒がすすむ。

隣の予約席に座ったのは母娘かもしれない女性二人。若い方は目がくっきりして女優さんのようだ。注文の「臥龍梅」常温を大ぶりの利き猪口でぐっとやり「重いタイプね」「香りもつよいわ」と感想を言いあい、やるなあ。主人に小声で聞くと、女性客はたいへん多く、男が一人か二人のときもあると言う。「マスターの人気じゃないの」「それだけは絶対ないです」と笑う。

カウンターとテーブル席は主人の目が完全に行き届き、働く若いのもまじめで感じよく、料理の繊細な盛りつけ、フローリングの清潔な店内、軽い中南米音楽BGMと、たしかに山の手女性に好まれそうだ。今来た三人組も女性、その後の若夫婦らしきは奥様が連れて来たとすぐわかる。楽しみにしていた居酒屋はたいへんよかった。これから通います。

神楽坂　文ちゃん

人気の町、神楽坂の人気の焼鳥屋「文ちゃん」に連れていってもらった。神楽坂の坂道を横の小路に入った突き当たり、Y字路角の半地下というおもしろみのある立地だ。看板は「地鶏焼・鴨焼　文ちゃん」。ここのなじみになって人を連れてくれば「気の利いたところ知ってるね」と言われそうな店だ。

出版社勤めの友人はここの顔なじみで、開店六時を予約すると六時十五分でいかがとのこと。微妙な指定は先客の注文をひと通り焼き終わる時間で、待たせない配慮という。白木カウンター一本と机一つの店はほどよく小さく、うまい焼鳥を食べる期待がたかまる。コース八本を頼み、生ビールをきゅー。小さな野菜サラダと大根おろしがつき、友人は自分の取り皿に七味、山椒、辛子味噌を少しずつ盛って準備万端。なるほどと私も真似をした。

串を炭火にのせるとすかさず、ばたばたばたと立てる団扇の音が音楽のようにリズミカルだ。「お待ち」と置かれた一番目は「砂肝」。小ぶりで数を多くした串は女性に食べやすそうだ。強火でカリッと焼かれて中はまだピンク。振った塩がたいへんおいしくそのままでいけるが、七味をちょっとつけるとピリリとパンチがきく。続く「皮」は脂がよく抜けて辛子味噌が合う。次の鴨と葱を挟んだ「鴨田楽」は、これは山椒だ。ハイライトの「つくね」は末広の二本串に手でまとめた大串で、これも山椒ちょいでうまいのなんの。どれも、一串の半分をそのまま、半分は薬味ちょいで口に運び、合間の大根おろしがたいへん役に立ちお代わりした。

いつのまにか店は満席になっていた。ご主人・文ちゃんはたいへん立派な歌舞伎顔で、清潔な店の千両役者の雰囲気充分だ。客は今日は中年男性背広組が多いが、女性ばかりで埋まる日もあるという。気の合う同士、焼鳥で一杯は女性の楽しみにもなったんだなー。

ビールから日本酒のお燗に替えて後半へ。そば猪口に立てたもろきゅうとエシャレットが味噌でおいしい。「鴨と茗荷」の挟み焼は鴨の肉汁と茗荷の香りがすばらしく、「手羽」は小さめ二つの骨をいちど取ってあり食べやすい。カリッとした「ナンコツ」は辛子味噌で。レバー苦手の友人がここのだけは食べられるという「レバー」はしっとりときめ細かく、血の匂いのしない上品なものだ。これで八本コースが終わり「ギンナン」となった。

話がはずんできてもう少し飲みたい。大好物「鶏わさ」は海苔、三つ葉、辛子醤油のバランスよく、最近よい鶏わさがないと嘆く私を満足させる。〆に頼んだ「シシトウ」は少し焦げ目がついてジューシーで、炭火はものへの保温力がガスなどとは全然違うと感じる。よく薪で焚いた風呂は温まるというがこれも保温力の差ではないだろうか。最近、炭火の火鉢や湯たんぽが人気というのも肌に直接感じる温かさがほしいのだろう。

煙もうもうのガード下焼鳥、名地鶏で勝負の専門店、赤ワインで楽しむレストラン焼鳥。不景気の時代に手軽感のある焼鳥は人気だ。

粋な町神楽坂の焼鳥はやはり粋だった。

以上「ぶらっと居酒屋」（サンケイ新聞PR紙『GAZEN』二〇〇六年〜二〇〇七年連載）

Ⅱ あの店の、この一品

西荻窪「酒房高井」の黒豚岩塩焼

中央線西荻窪南口の名居酒屋「はるばる亭」にいた高井さんが、新しい店を開いたと聞き、初めてやってきた。今度は北口前の細い飲み屋街。

「こんちは」

「あ、お久しぶりです」

小雨そぼ降る花冷えの夜、客はなく主人は本を読んでいた。燗酒の名品「大七生酛《だいしちきもと》」を注文。

奥にのびる長いカウンター一本だけの店。カウンターは主人を囲むようにゆるやかにカーブし、椅子も寄りあい掛けの長いベンチなのが、なんとはなしの店の一体感を作る。

小さなコの字カウンターのはるばる亭も、知らぬ同士の一体感が魅力だった。その真ん中に立っていた高井さんはもともと常連客だったが、およそ十五年前、店主が中国に渡ることになり、客が、この店がなくなるのは惜しいと言いだして、懇願され高井さんが引き受けたのだそうだ。

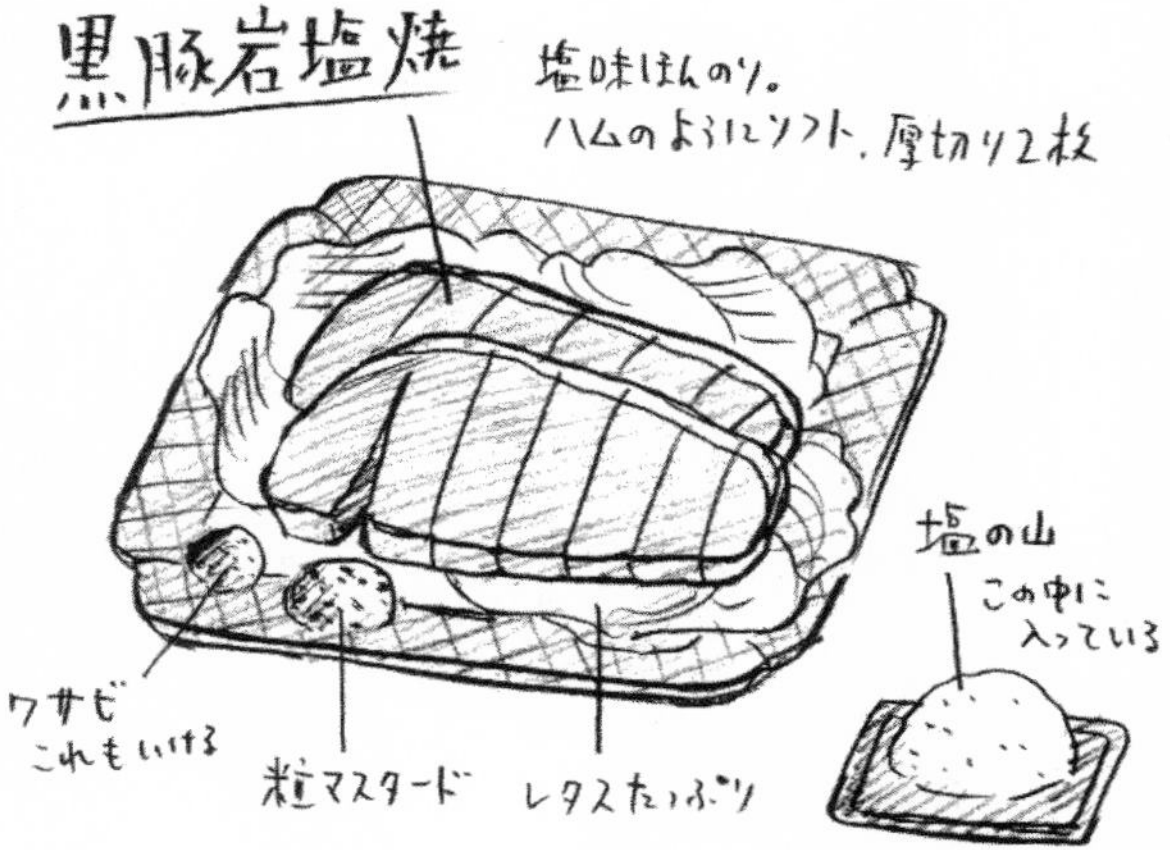

民芸風の店内、板張りのカウンター、網代の上仕切は、はるばる亭と同じだ。カウンターや、店内あちこちに活けた雛菊、青麦、チューリップ、猫柳、桃、連《れん》翹《ぎょう》などの春の花々がいい。ゴージャスな盛花よりも清楚な一、二輪がここには合う。

　カウンターの黒いトレイに、塩が小山をなして固めてある。

「これは？」

「黒豚岩塩焼です」

　豚生肉を朝、塩の中に閉じこめ、夕方塩盛りのままオーブンで温める、鯛の塩釜のようなものらしい。早速注文。角皿にレタスを敷き、うすピンク色の厚いポークが二枚、包丁を入れられて横たわり、ワサビと粒マスタードが添えられる。うっすらと温かく、塩で水分は抜け、上等なハムのようだ。塩分は微かでたいへんおいしい。

「これはオリジナル？」

「いや、塩釜をマネしただけですよ」

昔からそうだったがマスターは超もの静か。広い額《ひたい》の後ろに髪を束ね、口ひげだったのが、顎ひげも伸ばし今や野武士の様相だ。着物を着たら似合うだろうが相変わらずトレーナーと飾り気ない。もともと客商売のお愛想よりも堅実な人柄が信頼されたのだろう。またそれゆえに、主人中心ではなく客が店のムードを作り出す雰囲気がよかった。

カウンター上の立派な額の墨書「酒房高井」を見ていて、ピンときた。

「これ、亀井さんの字？」

「そうです！　よくわかりましたね」

驚いた表情だ。ふふん、わかるさ。ミスター亀井はおいらの知りあいさ。昔からの常連で開店祝いに揮毫《きごう》してくれたそうだ。

「はるばる亭は、今だれがやってるの？」

「それが、なくなったんですよ」

え！　二年前高井さんが独立後もしばらく続いていたが、閉店したという。はるばる亭の名物肉じゃが、しじみ醬油漬けや、雰囲気はこの「酒房高井」に引き継がれたわけか。

いつの間にか店はいっぱいになった。今、奥様がお休み中とかで一人で忙しそうになった。ようし今度は亀井氏を誘ってくるか。新しい客に席を譲り店を出た。

中野「らんまん」の赤貝

今年の冬は寒かったのう。春よ来い。春の酒の肴は貝だ。アサリ、ハマグリ、サザエにトコブシ。忘れちゃいけない庶民のシジミ。貝の帝王それならアワビ。鮑が殿なら常節は家老。若殿浅蜊の守に、勘定奉行帆立貝は、廻船問屋北寄貝と怪しい。腰元蛤の腰つき色っぽく、新入りお女中青柳は何かと頰を染める。曲者鳥貝じつは忍者で、あやつる上司は老獪《ろうかい》平貝。武骨に苦み走った栄螺兵衛は道場師範代。

バカな想像をしていたら一杯やりたくなり中野の「らんまん」へ。

「こんちは」

「お、いらっしゃい」

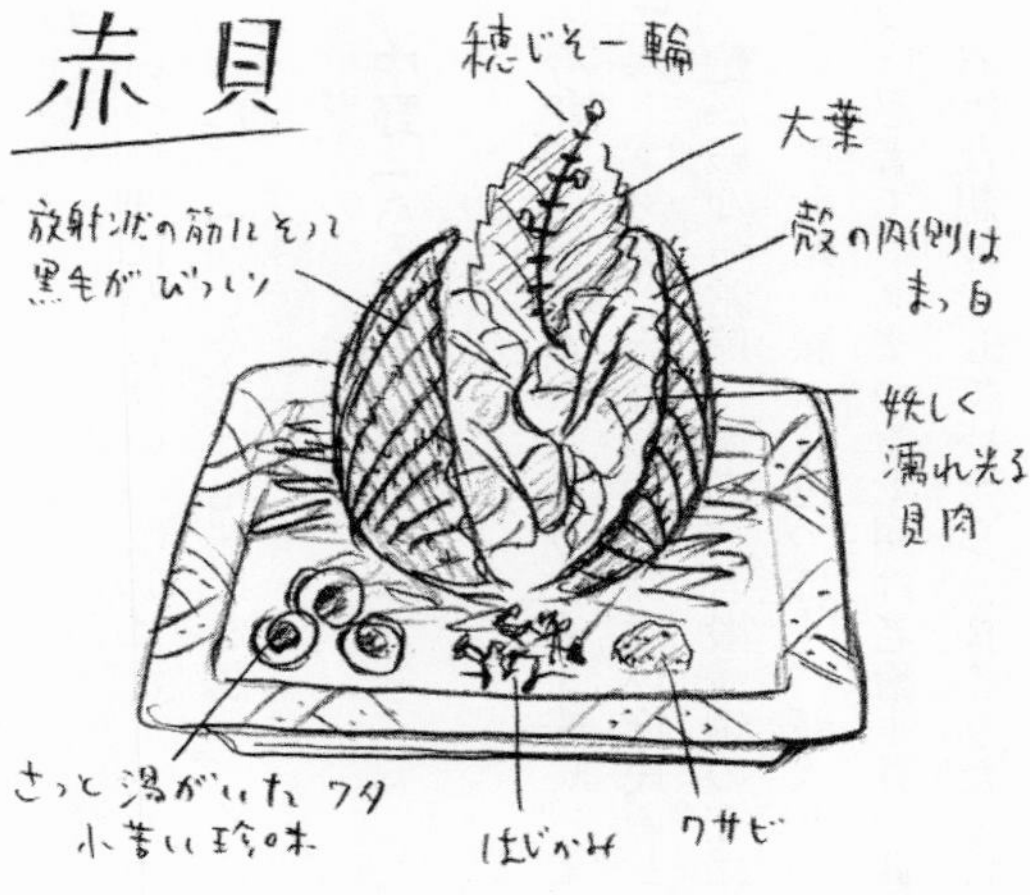

白衣に銀髪の主人が迎えてくれる。おしぼり使いながらまずは岐阜の名酒「三千盛」の燗を注文。目の前のガラスケースには立派な魚が詰まり、さあ刺身にしてくれと訴えている。鯛にホウボウ、カレイにアオリイカ……。上品な筆字の品書巻紙を読んでゆく。

「昨日は、いいオコゼがあったんですがね」

それもいいが、おお、あったあった。

「赤貝！」

「へい」

得たりの手ごたえで、さっそく剝《む》きはじめた。

届いた赤貝の盛りつけに目を見張る。放射状の白い筋目に沿い、びっしりと黒毛が毛深く生え揃う大ぶりの殻を、ぱっくりと開いて縦置きし、中に朱色の貝肉を茗《みよう》荷《が》を枕にこんもりと盛り上げ、穂じそを一輪あしらう。さあどうぞと妖しく濡れ光る貝肉に指で触れてみたい。まさに大奥のお局。手練手管の熟女には殿もいちころだろう。「ごくり」思わず生唾を飲む自分が恥ずかしい。

恐る恐るひと箸。そのぴちぴちした舌触り、むっちりした弾力、官能をくすぐる匂いよ、透明涼やかな甘味よ。酒で口を洗い、次のひと箸はぬらりと太股が見えたようなヒモ。これがまた……。

いい加減にシロ！　自らに一喝して我に返る。

赤貝もいろいろだが、これは紛れもない最上級の本玉。その二個ぶんをひとつに盛ってある。添えられた、さっと湯がいたワタがまたおいしい。

「注文受けてから剝くところも、少なくなったと思いますよ」

板前さんの自負もよくわかる。久しぶりに立派な赤貝を食べた。

「らんまん」は昭和三十九年創業の老舗で銀髪の主人は二代目。このあたりには珍しい、戦前のがっちりした銅葺《ぶ》き看板建築だ。私の座る小さな白木カウンターの後ろは板張り小上がり、鉄の茶釜を挟んだ奥は板張り座敷だ。網代の天井に檜皮《ひわだ》の小庇《こひさし》。小粋な雰囲気を醸しだす昔の小料理屋の設計のうまさに感心する。

カウンター上の灯りに刺した金串に「鯛の鯛」（鯛の胸びれ付け根の穴空きの骨）を集めてある。そろそろ桜鯛の季節。ここの鯛刺身は絶品だ。

「ふう」

活きた赤貝になんだか疲れたみたいだ。すすめられた、さっと茹でたハマボウフウの土佐酢おひたしは、しゃきしゃきと野性的な三つ葉の趣で、春のもやもやを鎮めてくれた。

春の夜。妖艶な熟女と一杯やったのでした。

下北沢「楽味《らくみ》」の春野菜五種

春到来。ぽかぽか陽気に誘われ下北沢へ。学生時代を過ごしたこの町はおいらの心の故郷だ。もう四十年近く、しょっちゅう来ているが、表も裏も店は爆発的に増えたけれどシモキタらしさはちっとも変わっていない。それは演劇でも音楽でも、何かを表現したい若い人の、また若いハートを持った大人（おいらのつもり）の集まる雑多な活気だ。

それを作り出しているのが、五叉路、ときに六叉路（！）の交叉する複雑な通りの迷宮的な面白さで、そのため車はほとんど通らず、常時歩行者天国状態だ。ところがこの真ん中に、環七級の大道路をぶっ通す計画が立ち上がっている。人の歩ける町にトラックがびゅんびゅんとばす道路など通したら町が死んでしまう。駅前でこの計画に反対するビラ〝SAVE　THE　下北沢〟を配っていた。おおいに頑張ってくれ。

ふんがいしたところで南口すぐ前の「楽味」へ。下北沢にうまくて安い店は数あれど、板前割烹の味を良心価格で楽しめるここは、味のわかる大人の客でいつも賑《にぎ》わっている。

カウンターに座ると、目の前にずらりと貼り重ねられた、魚貝刺身から始まる品書ビラに圧倒され、気の弱い人はもう「おいら、おしんこでいい」と気圧されてしまうがあわてるな。仔細に読んでゆくと〈一年で今しか食べられない春野菜をどうぞ〉として、こごみ、のびる、行者ニンニク、タラの芽、筍など山菜系野菜がずらりと書かれている。

「これはどう頼むの？」

「好きなものを盛り合わせますよ。一人なら五種くらいかな」

好みを選んで届いた春野菜五種盛り合わせは、大地を思わせる野趣のある平皿に五つの小山が。

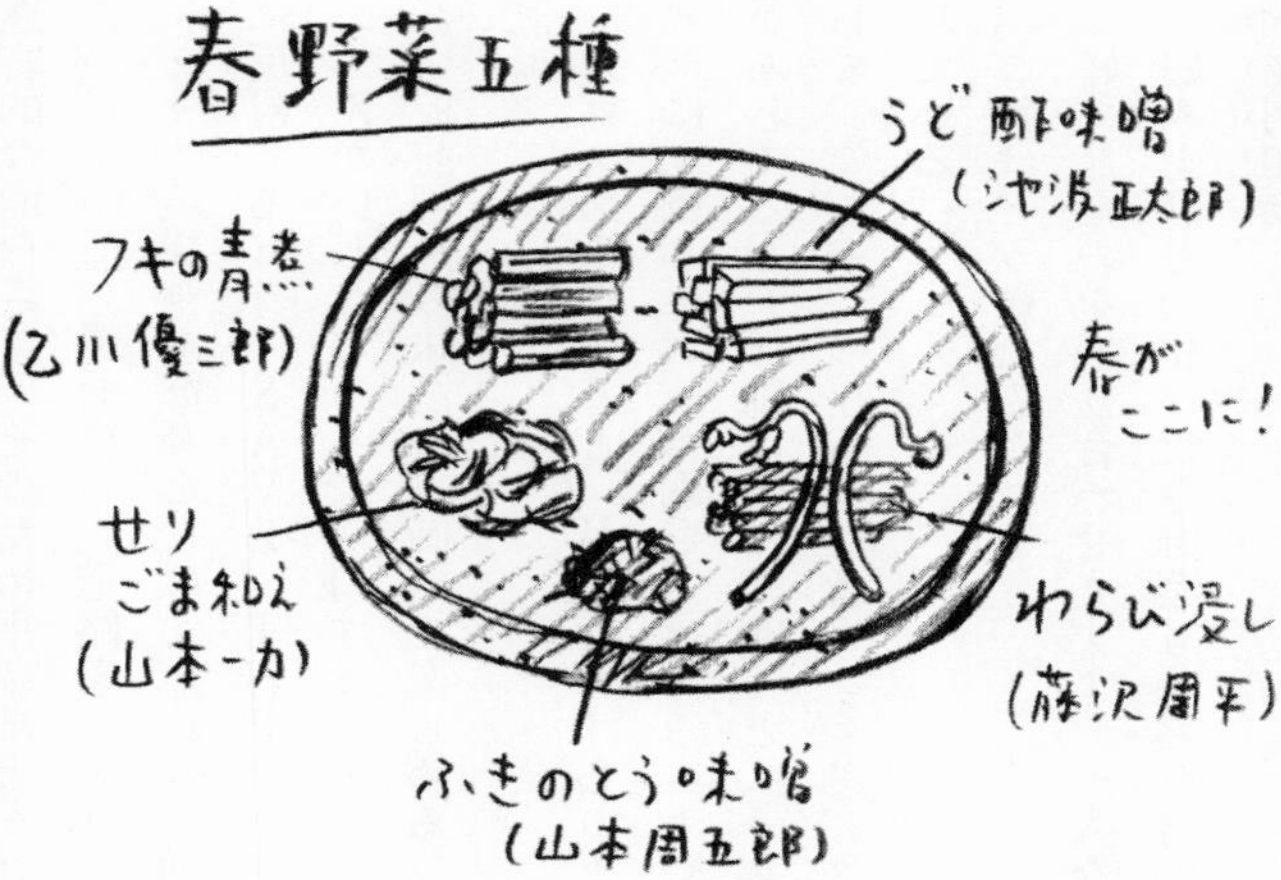

フキの青煮……涼やかな翡翠色とさっぱり透明な味は、乙川優三郎のきりりと清らかな武家の娘。

せりごま和え……清潔で粋な爽やかさは、山本一力の深川もの人情時代小説。

わらび浸し……ヌルみとわずかなエグみは、藤沢周平描く海坂藩下級武士の誇り。

うど酢味噌……甘すぎない酢としゃっきりした歯ごたえは、池波正太郎『剣客商売』中老年武士の若気。

ふきのとう味噌……苦味をねっとりとつつむ情念は、山本周五郎の名作『五瓣の椿』を映画化した主役岩下志麻（美人だったぁ）。

いずれも野生を越えた調理がほどこさ

れ、春の若い生命力の息吹きは感動的だ。これをして「貴《たつと》い味」と言おう。頼まれもしない即席文芸評論（？）を終えて飲む「褒紋《ほうもん》正宗」燗酒が、ふう、うまい。

精悍《せいかん》な親方、丸刈り太め、鋭い小柄の三人は、盛りつけるとき必ずひと口、口に入れて味を確かめているのがやはり料理人だ。後ろの席に運ばれる豪華な刺身盛り合わせを思わず目で追う。

「下北沢は本多劇場に、スズナリもあるやろ」

隣の元気のよい中年女性は演劇関係者らしい。右の若い格好の夫婦の健啖ぶりも頼もしい。

ざわざわ下北沢。永遠に気の若い下北沢よいつまでも。町殺しの道路計画絶対ハンターイ！

南烏山「和市《わいち》」の谷中生姜

京王線千歳烏山駅から歩いて三分ほど。目当ての居酒屋はマンションの外階段を数段上がった中二階。一度訪ねたいと思っていた店に初めてきた。

やや薄赤い粗塗り壁に木の机が合う大人の雰囲気。八人がけL字カウンターに主人が立つ。

小黒板の本日のおすすめには、サヨリ、鯛などの刺身に続き、小肌とワカメの酢の物、マグロスキ身と花わさび和え、アサリとイカのワイン蒸し、鶏レバーパテ、などうまそうな品が並び、何にしようかと迷うが、お、谷中生姜がある。もうこの季節か。初夏一番、これを食べねば。日本酒の揃えも「芳水」「悦凱陣」「隆」「綿屋」「鶴齢」「天吹」「翠露」等々たいへんよく、ウーム、ウームと思案のあげく「天明純米吟醸生」にした。

ツイー。

「うまいねえ、天明」

「今がいちばんの飲み頃ですね」

一升瓶を手にした奥さんがうれしそうだ。瓶に「15BY」とあるから平成十五年の酒で、造りから二年経っている。これと思う日本酒を店で寝かせ、熟成酒（古酒）にして、飲み頃に出しているのだろう。飲み助の間で一、二年ほど前から評価高い福島の酒「天明」は、さらにうっとりするような一本になっていた。

「お待ち」

カウンター越しに手渡された谷中生姜は、うれしや「燕《つばめ》」に切ってある。新生姜の

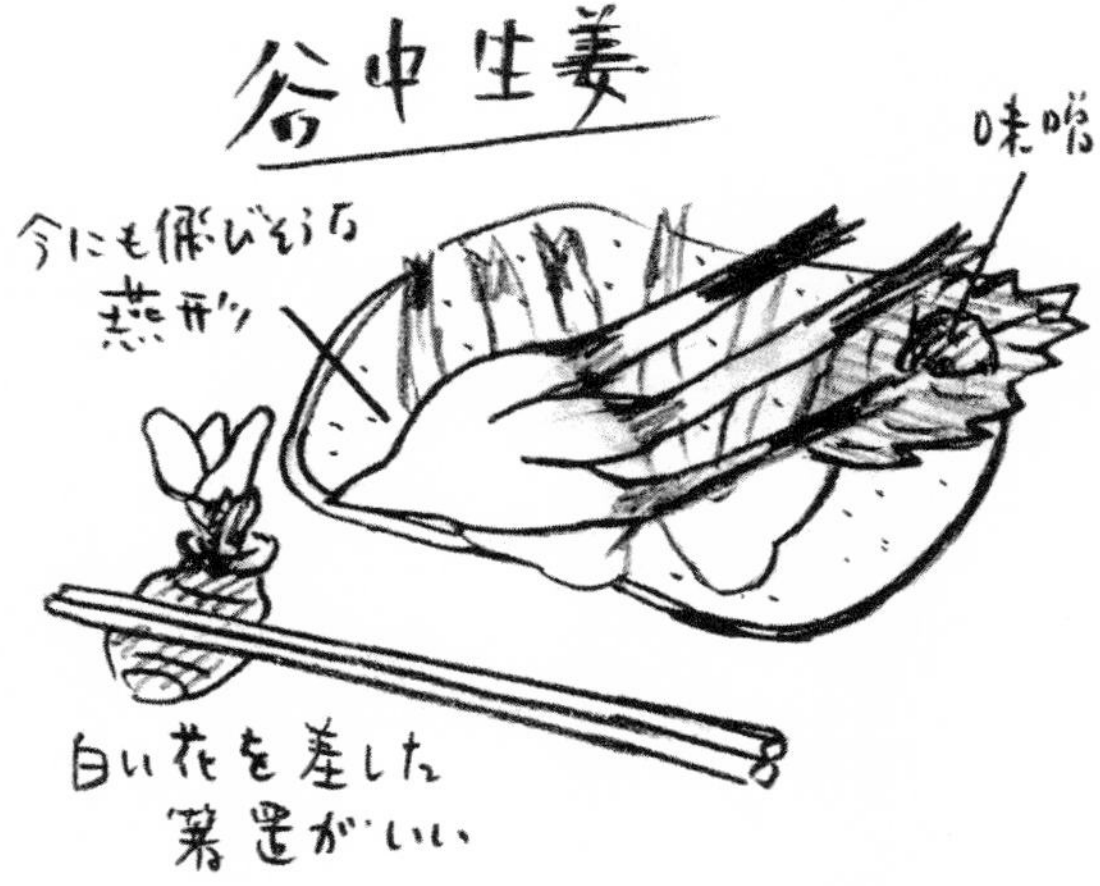

三つに枝分かれしたところを縦に薄切りし、燕の形にしたのがこれで、皿から初夏の薫風にスカッと飛んでゆきそうだ。頭（根）から尾羽（葉）にかけた桃色、白、浅緑がうつくしい。

味噌をちょいとつけて口に。ウム、このガリッとした噛み心地、ツンとくる若々しく爽やかな刺激。まさに佐々木小次郎燕返しの切れ味。

生姜の産地・谷中からこの名がついたが、採れたての生をそのまま味噌でガリッとやるのは、いかにもせっかちで、食材の走りを先取りする江戸っ子好みだ。合いの手の天明がまたうまいことよ。

とても小さな壺をぐにゃっと押しつぶして素焼きした箸置に、白い花が一輪差してあるのが心憎い。カウンター角の壺には小さな蕾をつけた枝花が活けられている。

「これは、花蘇枋《すおう》だね」

一人客のご婦人と、男の二人客が話している。蘇枋は中国から渡来した植物で紅染めに用い、日本の伝統色にある蘇枋色は円熟した大人の色気を持つくすんだ赤紫だ。

「今なら山茱萸《さんしゆゆ》、連翹《れんぎよう》もいいな」

どちらも黄色の花だ。

「駅前の養老乃瀧のところの、あれは桃？　きれいよねえ」

話題がもっぱら木花とはうるわしい。「うちはお客さんが上品でいいですよ」と店の奥さんが言うとおりだ。この奥さんがまた気さくでたいへん感じがよい。

私鉄沿線のこの店は、近所にお住まいの大人たちに愛されているようだ。盛り場ばかりが居酒屋ではない。地元に、落ち着ける行きつけの居酒屋を持つ楽しみを、ここに見つけた。

月島「味泉《あじせん》」の煮穴子

川風が心地よくなると勝鬨橋を渡りたくなる。

　昭和十五年完成、全長二百五十メートルのこの「跳ね橋」は、昭和四十三年以来一度も開いていない。これを再び開ける運動があると聞いているが、おいらも大賛成だ。かつての夢のあった帝都東京の威光を力強く伝える勝鬨橋ゲートを盛大に上げれば、今の時代の閉塞した気分を開く象徴的イベントとして、満都の喝采を浴びるに違いない。東京駅も復元することだし、日本橋にかぶる高速道路も撤去して昔の東京に戻すほうが、高層ビル乱立よりもいいのではないか。よみがえれ、うつくしき華の都、東京！

　と、ぶち上げたところで、渡って月島へ。月島に〈いい酒、いい人、いい肴〉の三拍子完璧な名居酒屋「味泉」あり。

　混むのを知っているから開店五時三十分かっきりにカウンターへ。座るといつも五分は無言でじーっと品書の本日の魚を見る。鳥貝を予約し、まずは看板料理の「煮穴子」だ。

　東京湾の代表的な魚、穴子は白焼も煮てもおいしいが、ここの、長時間浸すように煮て、出すときに少しだけ焙る独特の調理は一見、煮穴子には見えない。しかしひと箸口にすると全員が目を丸くし絶賛する。穴子の旨みが凝縮した、ふんわりと崩れるような口当たりは、まるでお菓子のようだ。

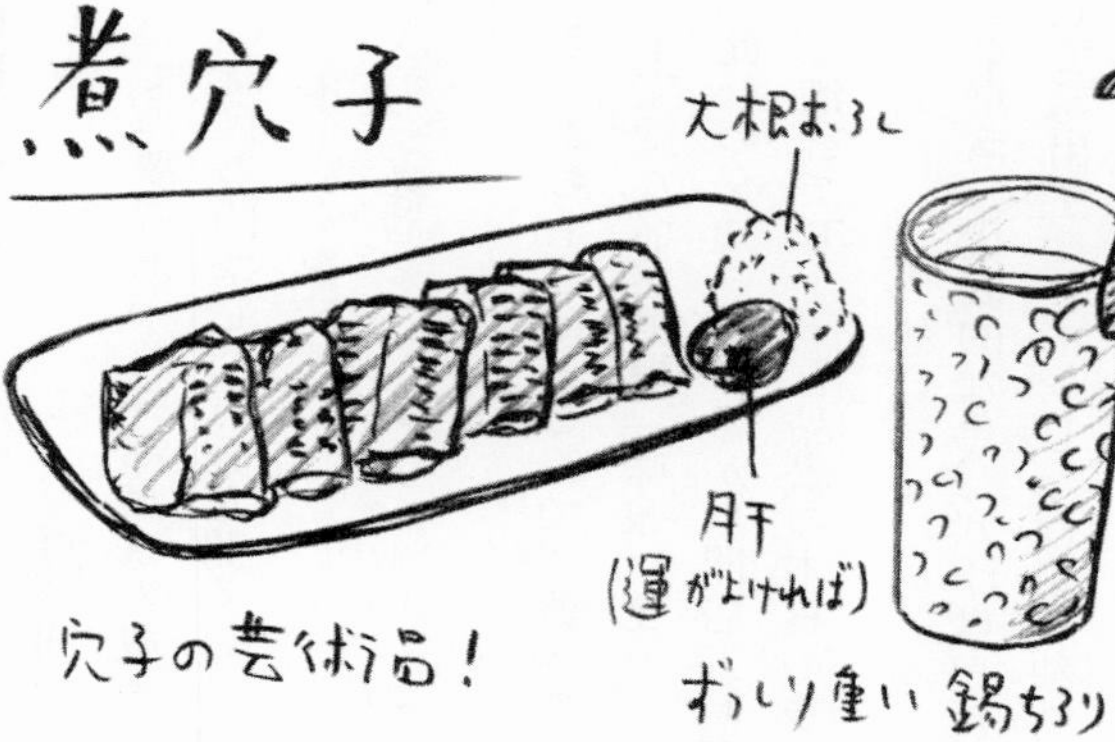

「うまいねえ、穴子」

「いつも必ずとりますね」

春の名残の燗酒に煮穴子は、寒からず暑からず、空気爽やかな今の季節にぴたり。日本中の一騎当千銘酒がずらりと並ぶ酒揃えの中で、とくに燗でどうぞとすすめるのは「上喜元」「大七」「神亀」の三種で、これぞ燗酒ベストスリーだ。

ちびりとやるうちにたちまち混んできて、いっせいに注文が飛び大忙しになった。すでに頼んであるおいらはニヤリ。先んずれば制す。

燗酒の入る錫打ち出しのチロリはずっしりと重く、最初はぬるめの燗が次第に適正に温度が上がってゆく。スペイン風というのか、S字にくねった把手の形が独特だ。

「これは、特製？」

「そうです、玄関の灯のオブジェ作った人です」

そういえば雰囲気が似ている。これだけの厚い錫は相当高価だろう。

「一個、十万円？」

「ははは……」

冗談のつもりで言ったが、そのくらいしているのかもしれない。笑う主人は誠実一途。包丁に忙しくとも、ちゃんとこちらの声は聞こえているようだ。

大ぶり一個を今開けた鳥貝がすばらしい。さすが勝鬨橋の向こうは築地だけのことはある。

「鳥貝、最高」

「太田さん、初めて来たときも鳥貝でしたね」

そうだったかなあ。もうこの店ともなじみになった。東京は居酒屋がいっぱいあって、新しい店も次々にできているが、やはり気心知れたところは落ち着く。居酒屋の神髄は、一人カウンターにありだ。

「勝鬨橋を開ける運動があるんだってね」

「あ、それはいいですね」

「もしそうなったら、祝いに酒一杯タダ」

「ははは、やりましょう」

そうこなくっちゃ。

神田「左々舎《ささや》」の沢蟹空揚げ

新緑の五月。神田祭の宮入りを見物し、明神男坂を下った。ビールでも飲みたいところにちょうどよく古い構えの店「左々舎」が玄関を半開きにしている。のぞくと昼間なれどやっているようだ。

広いカウンターに大皿の料理が並びいかにも祭気分。つめたい生ビールをぐっとやり、祭につきものの煮しめをつまむと、ただの見物人から町内の祭関係者になった気分だ。

おかみさんはパッチに鯉口《こいぐち》、頭に手拭いきりりとまことに威勢よい出で立ち。鯉口は祭の手拭いを縫い合わせて作ったものだそうで、ほれぼれするカッコよさだ。見渡す店内にどうも見覚えがある。

「ここはもしかして、元は一の谷？」

「そうよ、一の谷さんはこの先にビルを建てたので、うちが入ったの」

一の谷は私が何年もひいきにしているちゃんこ料理屋だ。

「左々舎さんは筋向かいにあったふぐ料理ですよね」

「そうです」

「前から一度入ってみたいなあと思っていたんですよ」

「あらそう、これをご縁にどうぞ」

翌週早速、裏を返した。

「こんちは、先週祭で」

「はいはい、どうぞ」

おかみさんは祭とはうって変わりしっとりとした着物姿。「見違えますね」と呟くと「私はあっちのほうが好き」と笑う様子が、いかにも神田ちゃきちゃきでうれしい。

さあて、ゆっくり飲むぞ。改めて見回すと、本格に藁《わら》を切り込んだ荒壁、太い上がりかまち。真ん中に平らを残し左右を斜めにおろした変形舟底天井は網代と葭簀《よしず》に葺《ふ》き分け、往年の小料理屋の粋な造りがじつによく残っている。竹の輪切りを泡のように組んだ欄間など見事なものだ。

沢蟹空揚げ
その姿は
土俵入りか
盆踊りか
……
神田明神下
左々舎

「昭和二十七年に元芸者さんが、源氏名の〈小いち〉で始めたのが最初と聞いています」

梁《はり》には小いち時代の千社札が残っている。説明する主人はくっきりした眉にスカッと髪を整えた男盛り。この間の、湯気をもうもうと上げる大皿出来立てのふぐの荒煮《あらに》はうまかった。「左々舎」は夏は鱧《はも》、冬はふぐ、初夏の今は鯛づくしだ。

カウンター端のガラス瓶に生きた沢蟹がもじゃもじゃやっている。これをいってみよう。

「沢蟹空揚げを」

「はい」

玄関脇から調理場が見える。油の温度が上がったのを見計らい一匹ずつ放り込みすぐ蓋をする。結構油がはねるのだそうだ。盛られた皿の見事さよ。高温の油で瞬間的に揚がった蟹は「アチッ」という形で止まり、皿に立つ。腰を低く構え、鋏を高く上げたその姿はあたかも雲竜型の土俵入り。朱に染まった肌が緑のもみじに美しく映える。

「これは見事ですねえ」

感に堪えず、いつまでも見ていたいが、一匹を丸ごとそっと口に。トゲトゲが当たるのを構わずバリリとやると香ばしい香りに、小なりといえども立派に蟹の風味が満載。

さすが神田、食い物が粋だぜ！

時季とあって店内には祭の写真が飾られ、御輿の前で一本締めの拍子木を打つ、祭半纏姿の当店主人がきまっている。

「二十四の時に神田明神調理部に修業に入りまして」

修業、の言葉がいい。ようし、男に惚れた。この店通い続けるぞ。

——神田祭、縁結びの一席でした。

赤坂「まるしげ夢葉家《むようや》」の上海A級ピータン

焼酎ブームだ。焼酎ならこの店、赤坂の「まるしげ夢葉家」。みすじ通りのビル二階。古材の床、英字紙にビニールをかけたテーブル主体の広い店。私はカウンターに。

この店の日本酒はすごいが、焼酎も品揃えは圧倒的だ。銘柄集めだけなら他にもあるけれど、ここは飲ませ方が本格。それは、鹿児島の軟水で割る「前割」と、それぞれの焼酎の蔵元が使用している仕込み水で割る「全割」だ。

まず前割。焼酎は奄美の黒糖「龍宮」。三十度の五・五割りだから十五度。前割の特徴は柔らかなまろやかさにあり、そのお燗がじんわりと腹にしみわたる。

十年ほど前、鹿児島に行き本格焼酎にはまった頃は、もっぱらストレートのオンザロックを長くステアする（マドラーでかきまわす）飲み方だったが、近頃はやはり本場の飲み方、お湯割りが最も焼酎のうまさが生きるとわかってきた。しかも前の日から割り水した前割のお燗。鹿児島では家庭の晩酌〈だれやめ〉はこうしている。だれやめ、とは「本日の仕事お終《しま》い」という意味だ。

さてこれに何を合わせようか。焼酎には魚よりも肉が合う。鹿児島の黒豚、宮崎の地鶏はやはり存在理由があるのだ。ここの名物「黒豚のチャーシューちょっと台湾風」「コラーゲンの王様」（豚の耳・ミミガーのテリーヌ）もいいけれど、おおこれは黒糖焼酎に合いそうだ。

「上海A級ピータン」

「はい」

応える主人は店名の「まるしげ」より「まるひげ」と言いたいようなひげづら丸顔、頭にタオルの好漢だ。

八つに切られた中華料理でおなじみのピータン、アヒルの卵の泥漬は、暗緑灰色の黄身（表現矛盾？）を黒曜石のように半透明な白身（同）が包む。添えたニンニクスライスをのせ、辛子をちょんとつけて口に。

ウム、このもわ〜んとくる硫黄くさい香りとコク。そこで黒糖焼酎を含むと、ドライな香りがピータンのねっとりしたしつこさを気持ちよく消し、口中に黒糖の甘い香りが立つ。作戦成功だ。

あ あうまい。次は全割。今日は芋焼酎「萬膳」を数日前にその仕込み水で割っておいたもの。これもするすると喉に入ってゆき陶然としてくる。やっぱり酒は十五度がいい。

店の中は仕事帰りの会社員グループで賑やかだ。

「今日、リハーサルの時……」

「あれ、絶対納得してないよな。なんでこういう説明の仕方になるんだって顔してたもん」

会話は近くのテレビ局か。最近会社の若手は上司と飲みに行かないというが、来ている客はベテランも若手女子も率直に意見言って笑いあい、よい眺めだ。これが焼酎のよさかもしれないな。

さあてもう一杯。

「さつま寿、燗で」

「お、いいですね」

萬膳の水で割って燗をした芋焼酎「さつま寿」は、平明、おだやか、まるで温かみのある親父の笑顔のようだ。あてずっぽうで頼んだが、これはうまい！

「これは本当の日常の焼酎、絶対のおすすめです」

マスターがいとおしそうに瓶をなでる。ちなみにひと口いただいた原酒は四十四度と強いのに、角張ったところがまったくない、非常に柔らかなすばらしいスピリッツだ。焼酎は奥が深いと実感した。

武蔵小山「酒縁川島」の自家製厚揚

東急目黒線武蔵小山。酒好きにその名を知られた居酒屋「川島」に初めてやって来た。

カウンターだけの小さな店内は壁の隅々まで酒ラベルが貼られ、日本酒専門店の雰囲気に満ちている。酒の品書は置いてないとのことで「最初は吟醸酒を冷や、次に燗酒」とお願いした。

「冷やは、にごりでもいいですか」

う、うん。にごりは割合苦手だが、うすにごりならとOK。奥から持ってきた一升瓶は新聞紙を巻いたままだ。「最初は上澄みを」と一升瓶をそっと寝かし、静かにガラス徳利に注いだ。ウム、やり方を知っている。にごり酒は瓶を立てておくとオリが時間をかけて沈澱する。その透明な上澄みは格別で、横にするとオリが崩れるので注ぐのは一回だけのチャンスだ。

ツイー。

「たいへん軽やかで花の香りがし、ひらひら風に舞う若姫のうす衣のようだ」キザを言うと、ソムリエ氏は「愛媛の川亀の純米吟醸です、そのとおりと思います」とにっこりと微笑んだ。うーむ、やるのう。……お互いに（何が？）。

カウンターに立つバンダナを巻いた主人が料理、ジョン・レノンに似た彼がフロアで酒担当のようだ。うすにごりになった二杯めは、味も米くさく変わり、天女・天の羽衣は空に去っていた。

次は燗酒だ。ここで何か注文しよう。品書はメンチカツ、焼トマトのニンニク風味、白身魚の甘酢あんかけなど凝ったものが多く、いささか迷うが「酒縁川島大人気」とあるいいものをみつけた。

「自家製厚揚」

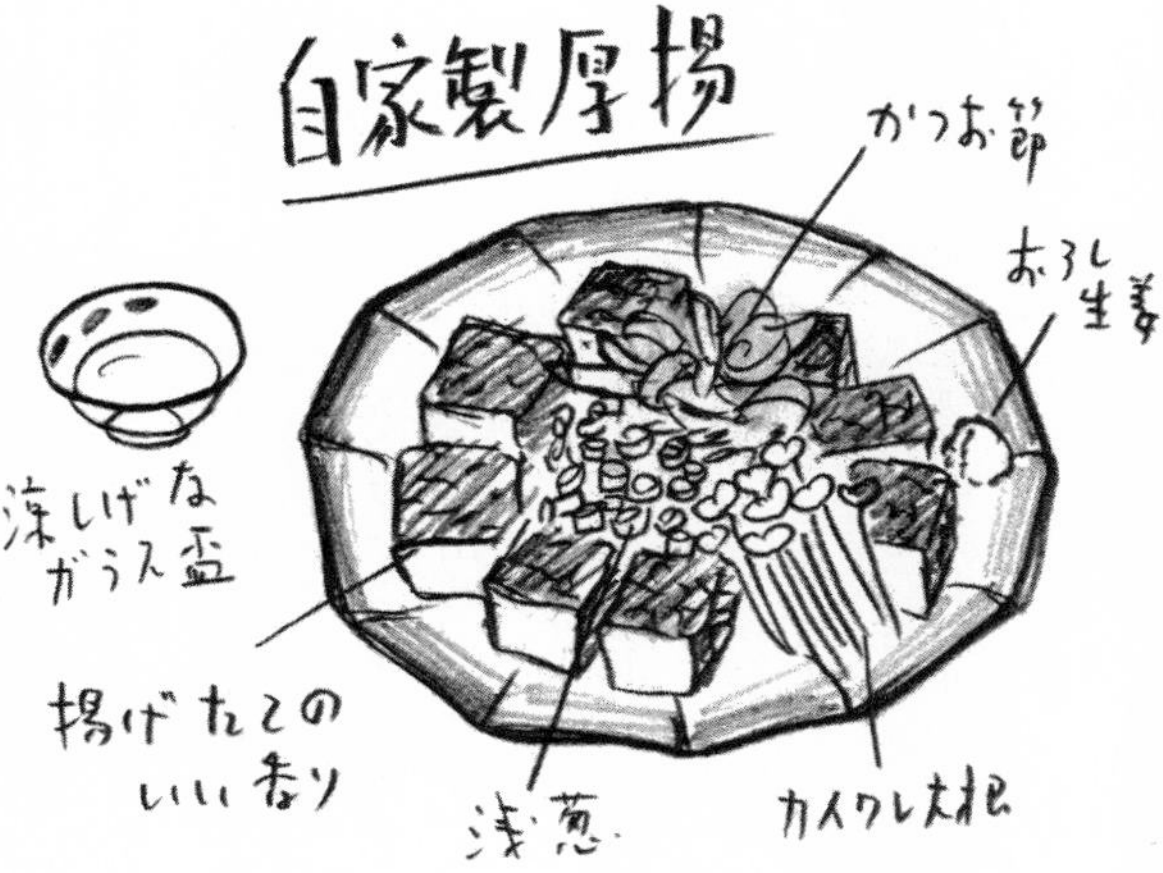

「へい」

厚揚も冷たいのを焼くのでなく、目の前で豆腐を揚げる揚げたては格別だ。油のじゅーっといい音がして届いた皿は葱、かつお節に、おろし生姜と貝割れ大根の定番が添えられ、醬油をタラーリとまわすと、さっくりと軽い揚がりでおいしい。

「燗酒はこれにしてみました」

ソムリエ氏再び登場で手にした一瓶は、広島の「白鴻」というおいらには初めての酒だ。湯に浸かる錫の燗徳利を、そろそろよいかと引き上げ、一杯口に。

ツイー。

これはまたなんとやわらかい酒だろう。それでいて旨みはしっかりと濃い。

「広島の超軟水を使い、原酒ですから十

七、八度はあります」

なるほど納得。やわらかく、落ち着いた風格もあり、まさに殿様の酒だ。

川島は毎年「川島酒縁の会」として日本酒フェスティバルを開いている。その速報の写真は酒蔵のはっぴを着た美人が目立ち「最近の蔵は美人が多いんですよ、中でもこの人は……」とタイヘン詳しく説明してくれる。

後ろの棚に貼ったスナップ写真に知り合いの映画評論家が写っていた。

「ゴダールみたいな酒を出せ、と言うんですよ」

へーそりゃおもしろい、ならおいらも。

「黒澤、小津、成瀬のどれかを出せ」

「清水宏じゃいけませんか」

なんと日本映画の忘れられた巨匠を知っている。一瓶持ってきて「『歌女おぼえ書』(清水作品)にしてみました」とのたまう。

その酒「龍力生酛特別純米兵庫A山田錦100%」は呆然たるうまさ。またもや「ウームやるのう」で二人の話は果てしなく続きましたとさ。

浅草「ぬる燗」のまぐろのづけ

外人観光客やお上りさんで賑わう浅草寺雷門からひと回り裏手の観音裏は落ち着いた家並みだ。そこにぽつりと「酒　ぬる燗」と入る行灯看板がぽおっとともり、しっとりした風情を漂わす。

小さなカウンターと落ち着けそうな小上がり少し。店名「ぬる燗」がいい。今日はゆっくり燗酒を楽しもう。一番手は長野の「十九中取り純米」だ。置かれた箸置に思わずにやり。徳利と盃が一体になった形でなんともかわいらしい。燗酒用の盃は間口広い白磁。私が家で愛用しているものと同じだ。

「やっぱりそれがベストですね」

タオル鉢巻の実直そうな若主人は、小さな目が人なつこそうだ。届いた徳利はきっぱりと真っ白な磁器。袴は碁石の容れ物のように漆仕上げのふっくらした形だ。

ツイー。

最上の酒器で味わう燗酒のうまさ。それだけではない。着物に白割烹着のまぶしい、若いお手伝いの女性は、まさに白百合の如く白磁の酒器とイメージが重なる。ここは

酒も酒器も肴も白割烹着も、私の好きなものばかり。さらにうれしくは、細く聞えるBGMも懐かしの六十年代歌謡だ。

　合わせた「まぐろのづけ」がおいしい。やはりこれは日本酒の肴の切札だ。ここのは漬け込まず、山葵《わさび》醤油をからめ、添えたおろし山葵でもう一度ピリッとさせる。まぐろは最上品の本まぐろ。もう徳利が空いてしまった。次は「奥播磨山廃純米」。

　こざっぱりした袢纏の主人の裸の胸に『男はつらいよ』の寅さんの成田山守り札のような、小さな木札がぶら下がる。

「芋っ子クラブ（笑）っていうんですが」

　若い女性の多い芋焼酎愛好会で知りあ

った同士が結婚して披露に呼ばれると、テーブルの名札がお守り札のようなひも付きで、皆それを首にかけた。もらって帰り、つけ始めたら、ないと落ち着かなくなってしまったと苦笑する。

壁の小さな貼紙は、焼酎の萬膳酒造が、亡くなった名杜氏・宿里氏の追悼に、最後の仕込みを関係者に配ったとき入っていたもので〈亡き杜氏が醸した最後の焼酎を心に刻んでいただけますよう……〉と続く名文に「なにかジーンときて」捨て難く、貼りだしたそうだ。

飾りの酒蔵前掛の中に珍しい「麹種河内菌河内源一郎商店」というのがある。鹿児島の焼酎の七、八割はここの麹を使っているという。

「これに芋の生産農家の前掛が加われば、焼酎のすべてが揃うと思って」

いいなあ、こういう考え。主人はまだ若いのに酒を尊敬する気持ちがしっかり心に入っている。開店してわずか一年半、すでに名店としての風格を感じるのはそのためだろう。ようしその心意気にもう一本。広島の「宝剣辛口純米」だ。

店名はぬる燗だが、もちろん常温も冷やも好き好きで出し、焼酎の揃いもたいへんよい。

浅草の寺裏に白提灯を提げ、ひっそりと正直な居酒屋を営む。まるで人情時代小説のような、さわやかな気持ちになった。

築地「魚竹《うおたけ》」の青柳あぶり焼

ふう、暑い。真夏日の銀座を汗をかきかき歩き回るはめになり、救いを求めるように築地「魚竹」の暖簾をくぐった。

とりあえずビール。緑のガラス瓶のハートランドを喉も裂けよとゴクゴクゴク、プハー。ほっとひと息。予定外の行動だったが、こんなとき迷わず入れるなじみの一軒があるのは助かる。

さてそれなら落ち着いてと品書を眺め、う～ん困った。いつもそうだが、ここはうまそうな酒の肴がありすぎる。松輪の鯖、小柴のシャコ、スルメイカ肝焼き、生海苔山葵《わさび》……。私がこの店にいつも使うフレーズ〈酒飲みの急所を突く気のきいた肴〉はちっとも変わっていない。

「こーらうまい、可哀相だけどうまい」

隣の一人客のひとり言は、魚竹名物の小さく貼られた人気ランキング「先週のベスト5」の第5位、本乾シシャモのことのようだ。ちなみに他は、1位・刺身三点盛、

2位・ポテトサラダ、3位・穴子白焼、4位・地たこ荒塩焼で、これを見るのがいつも楽しみだ。

「僕もあれ」

真似して注文すると先客がニヤリと笑う。

「本乾シシャモ春漁」は北海道厚岸《あっけし》で、この時季に限られた河川で、短い期間しか漁を許可されないシシャモの稚魚を乾《ほ》したもので、シシャモ自体も北海道産の本物は少ないだけに、貴重な逸品という。盛り皿の五センチくらいの一尾は、平べったい黄金色の身に所々銀色が光り、目がきょろりとこちらを見て愛らしい。

パクリ。

小さいながらもシシャモの脂性と香りを持ち、かわいらしげな味わいは、つまみ始めると止まらない。

「こーらうまい！　可哀相だが仕方がない」

私のひとり言に、じーっと私を見ていた客がアハハと笑った。これでビールを堪能し、次はこの店の気に入りの「群馬泉」のお燗にして、さあ刺身。旬のイサキ刺身はねっとりと旨味が濃厚で酒が進む。そういえばお通しはイサキの白子を煮たものだった。

酒を追加し、何かあと一品と見てゆくとおいらの好きな青柳は、青柳刺身、青柳ぬた、青柳あぶり焼、青柳小松菜からし和え、と四種もある。う〜ん、これまた困った。ウンウンうなっていると主人が「あぶり焼どうですか」と助け舟でようやく決められた。

鮮やかなオレンジ色の舌切りが、水管のある剝《む》き身をたっぷりつけ、大きな身が五本堂々と横たわる。焼くといってもほんの少し火にかざしたくらいだ。

カプリ。

甘みも、貝の香りも、嚙み心地のボリューム感もみな濃く、さすが北海道産はスケールが大きい。

カウンターだけの小さな店は、ポロシ

ャツの男同士や中年カップルでのんびりとよい雰囲気だ。

近くの大手広告代理店が汐留に去ってくれて、この界隈《かいわい》もようやく落ち着きを取り戻した。店の奥に、主人のご年配の母上が見え私は頭を下げた。お母さんのぬか漬は絶品だ。

さてまだまだ自家製トコブシ塩蒸し、うまい〆鯵、冷製大根煮、最後にとろろ昆布雑炊も控えているが次に残しておこう。外はようやく涼しくなっていた。ジントニックをキューッとやりたい。足は銀座の「スタアバー」に向かった。

麻布十番「あん梅《ばい》」のカマス干物

私は干物が大好きだ。ヘタな刺身より干物。うまい干物はシアワセな気持ちにさせる。もちろん出来立てが一番で、冷凍ものは身がパサパサだ。ところが居酒屋には案外干物がない。麻布十番の「あん梅」は自家製干物で有名だ。今日はここの干物で一杯やろう。

麻布十番と仙台坂をつなぐ網代通り周辺は、人通りの少ないところに、割烹、洋食、イタリアン、蕎麦、寿司、天ぷら、韓国料理など、小粋な店がめじろ押しだ。風情ある構えの「あん梅」は外に大きな黒板が出て、本日のおすすめとして刺身より先に干物がある。

「きんき四千二百円、甘鯛二千三百十五円、カマス千八百六十円、鯵（釣り）千二百八十円……」

これを高いと思うか、安いと思うか。

木の落ち着いた店内。L字カウンターの角に斜めに大きくしつらえたガラスケースに並ぶいろいろな干物は、朝仕入れた魚をその日に屋上で天日干ししたものだ。

生ビールを一杯やり思案したが、やっぱりカマスだ。丸く細長い白身のカマスは、干物のための魚と言われるくらいだ。

「カマスね」

「へい」

ガラスケースから取り出したカマス開きは三十センチの大物で身もたっぷりと厚く、ゆうに二人前はある。今の時季はこの大きさだそうで、食べきれるかなあと思ったが注文した。

カウンター目の前は耐火レンガに囲まれた大きな焼台だ。黒光りする大網に、カマス開きが腹側を火に向け置かれた。のぞき込むと、深い火床に真っ赤に熾《おこ》る炭は丸太

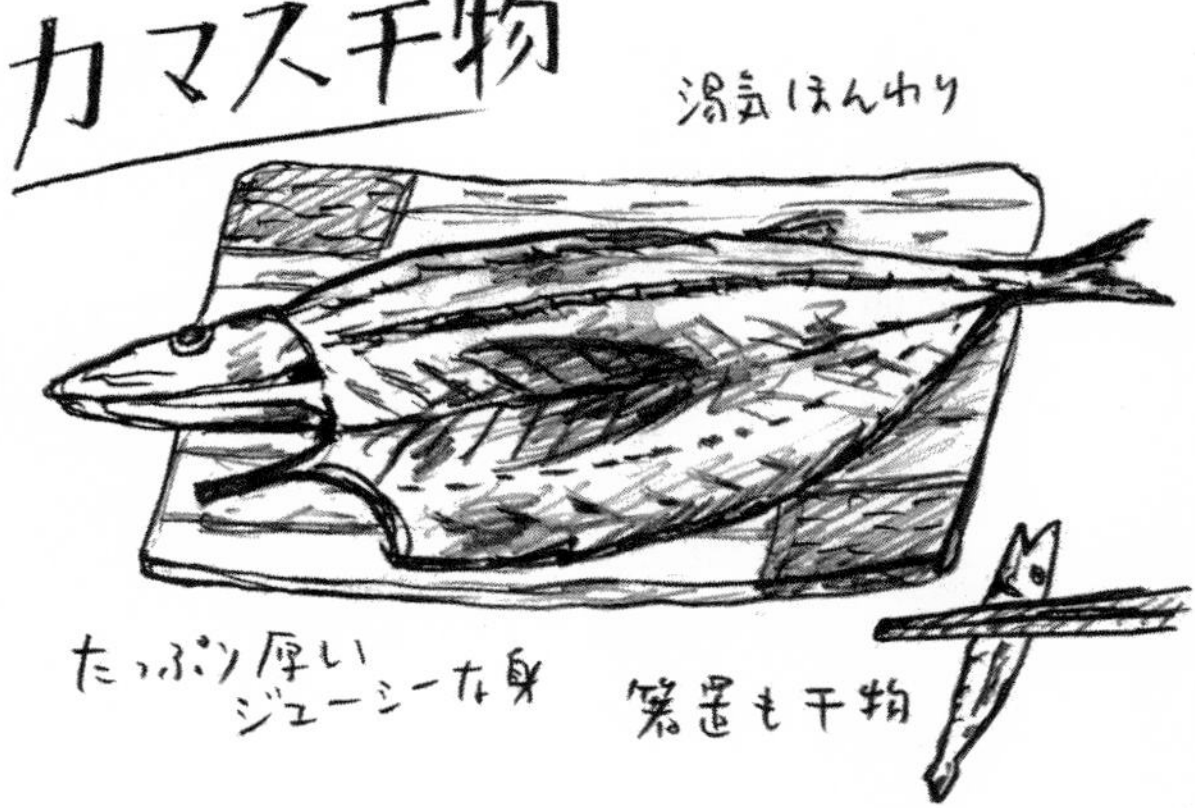

のごとく太く長い。

「大きな炭ですね」

「大きいほど火持ちがいいです」

備長炭もピンきりで、マレーシアなどの外国産や安いものは割れたり爆発することもあるという。備長炭に外国製があるとは知らなかった。やっぱり強火の遠火だそうで、もう一度のぞくといかにも静かに安定して超高温を保っている。

「お待ち」

案外早く焼け、焦げの色具合がいい。まず開いた半身の骨のないほうを。

パリッとした表面を剥ぐとふわりと湯気が立ち昇り、身はしっとりと湿り気を保って、ふっくらホコホコ。アゴのあたりの骨もパリパリと食べられ、それがまたうまい。冷たい焼酎「富乃宝山」がよく合う。

気がつくと箸置も小さな干物だ。

「これは……ししゃも?」

「そうです、食べられます」

へー。最後に焼いてもらおう。

電通だテレビだと予約客が二階に次々に入ってゆく。わが町、麻布十番。おいらはここに二十年近く住んだ。住人は業界人や、夜の銀座あたりにご出勤のお姐さんが多く、カウンターの隣二人もいかにも同伴出勤で昨日のゴルフの話に夢中だ。十番は昨日遊んだ話が一番似合う。

つけ合わせにとった万願寺唐辛子の焼き浸しはダシがよくきき、いんげん胡麻和えの胡麻味噌は濃厚なコクがすばらしい。ここは干物だけの店ではない。刺身や冬のつみれ鍋も評判と聞く。

「お、ヒノハラさん」

「お、太田さん」

がらりと入ってきた客は旧知のテレビ人。やっぱり十番だなあ。

恵比寿「くおん」の茄子の揚げ浸し

恵比寿駅西口を左へ。ボウリング場の先の、こんなところにと驚く長い石段を登った上に、目立たぬ店がある。

中は銘木と言うほどでもない白木カウンター主体の、明るくカジュアルなモダン和風。学生や遊び人ではない、きちんと仕事を終えて来たらしき若いカップルたちが、静かに酒料理を楽しんでいる。まずはビール。エビスの小瓶を極薄のグラスに慎重に注いでくれる。小さな白木盆でお通しが二品。白ガラス鉢のもずくはホワイトセロリの香りが合い、朱塗りの小椀は五穀米の冷たい汁で汗が引く。見わたすと、豚しゃぶをとっているカップルが多く、牛肉BSE問題のせいか、今どこに行っても豚肉は大人気だ。

んが、こちらは一人。すでに二軒目であまり重いものはちょっと。とりあえずの気持ちで「生たこ、茗荷、きゅうりの酢のもの」を頼み、目の前の板場仕事をじっと見た。

きゅうりを薄く刻み、白い生たこを慎重にそぎ切りしてゆく。案外量は多い。刻み

茗荷と和え、ダシ汁をからめ白胡麻を振って出された。黒瓦《くろがわら》のように銀光りする器に緑が美しく映え、さっぱりと酢がきいて、夏の前菜に最高だ。

茶色半袖スタンドカラーシャツの男たちがてきぱきと働く。青竹タガも清々しい白木樽に緑の枝豆をばさっと入れているのがいい。店の仕事をぼんやり眺めるのはひとりカウンターの楽しみだ。

もうひとつの人気、鯖の棒ずしは、〆鯖に隠し包丁を入れ、酢飯と合わせて布巾で巻き、簾《すだれ》で形を整える作業が面白そうだ。「私、〆鯖大好きなんですよねー」の声は、東ちづるに似たひっつめ髪、黒スーツの大人の美女で、男二人に囲まれている。都会っぽいなー。

おいらは一人酒。福岡「杜氏の詩・純米吟醸生原酒」は、純白の片口と大ぶりの盃を小さな白木盆で出すしつらえがいい。

氷をもらい、片口に浮かべた。夏の日本酒は、原酒に小さい氷を一個浮かべたのがいい。大きいと薄まり方が速すぎる。ゆるゆる溶ける氷が、濃い原酒をほどよくのばしてゆく変化を味わう。薄くなったらまた酒を足す。

もう夏本番だ。夏の酒の肴は、暑苦しくなく、スタミナ補給のできるものがよい。そこで登場、夏野菜の王者・茄子。生で揉んでも、煮ても焼いても、炒めてもおいしいまったく重宝なやつ。頼んだ「茄子の揚げ浸し」は、柔らかさを感じる萩焼きの白い片口に、こってりと黒い茄子がしなだれ重なり、刻み茗荷と白胡麻が振られる。ひんやりした口当たり、軽い油のまったりしたコクは充実感いっぱいで、冷たい酒がさらにうまい。

夜の十一時。隣に座った三十代とおぼしき女性二人は仲がよさそうだ。

「大晦日の夜、一人でトイレに突っ張り棚つけてたのよ。なんか悲しくなっちゃって」

「性懲りもなく、またぬか漬け始めたわ。自己逃避なんだけどねー」

一人暮らしの友はぬか漬け。いいんじゃないかなあ。

都会の隠れ家に迷い込んだような、夏の一夜でした。

千駄木「稲毛屋」の鰻のレバ焼き

ふぅ、暑い。酷暑を乗りきるには昔も今も鰻。私は鰻が大好きで、好物は鰻と言った昭和天皇に親しみを感じる。

千駄木の「稲毛屋」は、鰻をいろいろに酒の肴にしている。鰻の生肝「肝わさ」は、肝吸いに浮かぶあの肝を山葵醤油で食べ、肝焼のように苦くなくフレッシュだ。「レバわさ」というものもあり、肝とレバの違いを尋ねると、生肝の細い管のようなところが肝、その頭の塊がレバ。そこだけを集めたのがレバわさで、肝は苦いがレバはあまり苦くないという。肝わさの生肝を分けて食べてみるとそのとおりだ。それではと塩で頼んだ「レバ焼き」は小指の先ほどのレバが二十個ほど串にみっしり詰まり、外側がかるく焦げている。苦くなく、まったりしたコクが焼けた香ばしさをまとって、なかなかの珍味だ。今日は二階に宴会が入り、鰻をたくさん捌いたので用意できたそうで、常に本数があるわけではない。何しろ鰻一尾から二個しか採れないのだ。その珍品が、な、なんと、百八十円！

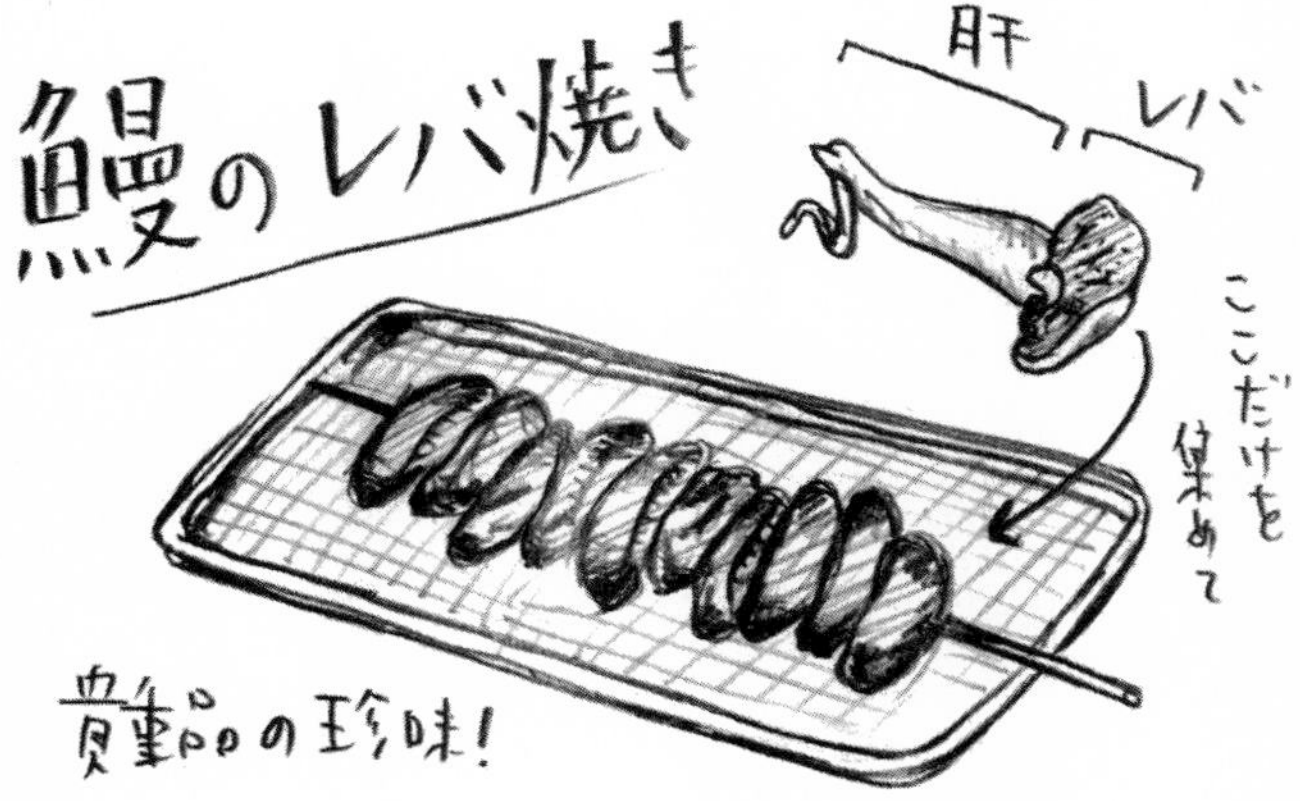

牛や馬の肝は血なまぐさく、鶏の肝は土臭く、カワハギなど魚の肝は清冽だが、鰻の肝は鮟肝にも似て、それより精気がある。

冷たい吟醸酒が肝のコクをさらりと洗い流す。この店は酒もすばらしく、今飲んでるのは「日替わり一杯二百五十円」（！）のサービス品。今日の「歓びの泉」の、夏向きの清々しい味は申し分ない。鰻はすべてタレか塩か、普通に蒸して焼く関東風か蒸さずに焼く関西風かを選べる。私は塩の白焼と、タレの蒲焼を、ともに関西風で頼み、酒はおすすめの「山形正宗・純米吟醸雄町」で万全の構えとなった。様子を見て「鰻の煮凝り」も頼もう。

店はよく繁盛している。隣の席は八十代と見える白髪の老人二人と、ご婦人の計三人だ。

「軍隊で夢にまでみたのが鰻だった」

「池袋から上野まで歩いたよ」

特上らしい鰻重が届き静かになった。その静寂から、しみじみと味わっていることがわかる。

「ああうまかった。生きてりゃ、こんなおいしいもの食べられるんだ」

「来年もこうして会おうよ」

「そうですよ、頑張りましょう」

酒が腹にしみる。

三人客のあと片づけに来たのは頭に赤いバンダナを巻いた、手足のすらりとしたかわいいお嬢さんだ。「何年生?」「中一です」「夏休み?」「はい」。夏休みに家を手伝うとはたいへん感心だ。

稲毛屋は創業昭和二年。昔は近くのよみせ通りにあり、戦後この場所に来た。主人は三代目で二代目の両親も元気に店に立つ。さっき私に酒を注いだのは長男で、小学五年から店を手伝い、今年高校に入ってからはアルバイト代が出るようになったそうだ。最近の子供は親の働く姿を見たことがないというのに、親子三代が一丸になって働けるとは、なんとうらやましいことだろう。

親から子へ命はつながってゆく。戦争をくぐり抜けて店も続いてきた。鰻は生きる力の象徴だ。もうすぐお盆。私は死んだ父を思い出し、しみじみと鰻を味わった。

「土曜鰻父と戦後をすごしたり」七星

三軒茶屋「糧《かて》」の穴子スモーク

地下への吹き抜け外階段を下りると小さなテラス。余計な装飾のない大人っぽい店だ。

お通しの秋刀魚のマリネがおいしく、これは料理を期待できそうだと頼んだ「水俣玉葱とわけぎと馬肉のサラダ」はフレッシュで食欲をかきたて、フランス料理前菜のようだ。マスターは長崎でフランス料理をやっていたそうだ。

しかしここは焼酎居酒屋。焼酎ブームはまだ続いており、今や新開店の居酒屋はほとんど焼酎がメインだ。チューハイ（甲類焼酎）しか知らなかった若い人が本格焼酎（乙類焼酎）のうまさを知ったこと。中高年は、お湯割り、ロックと自分に合わせた

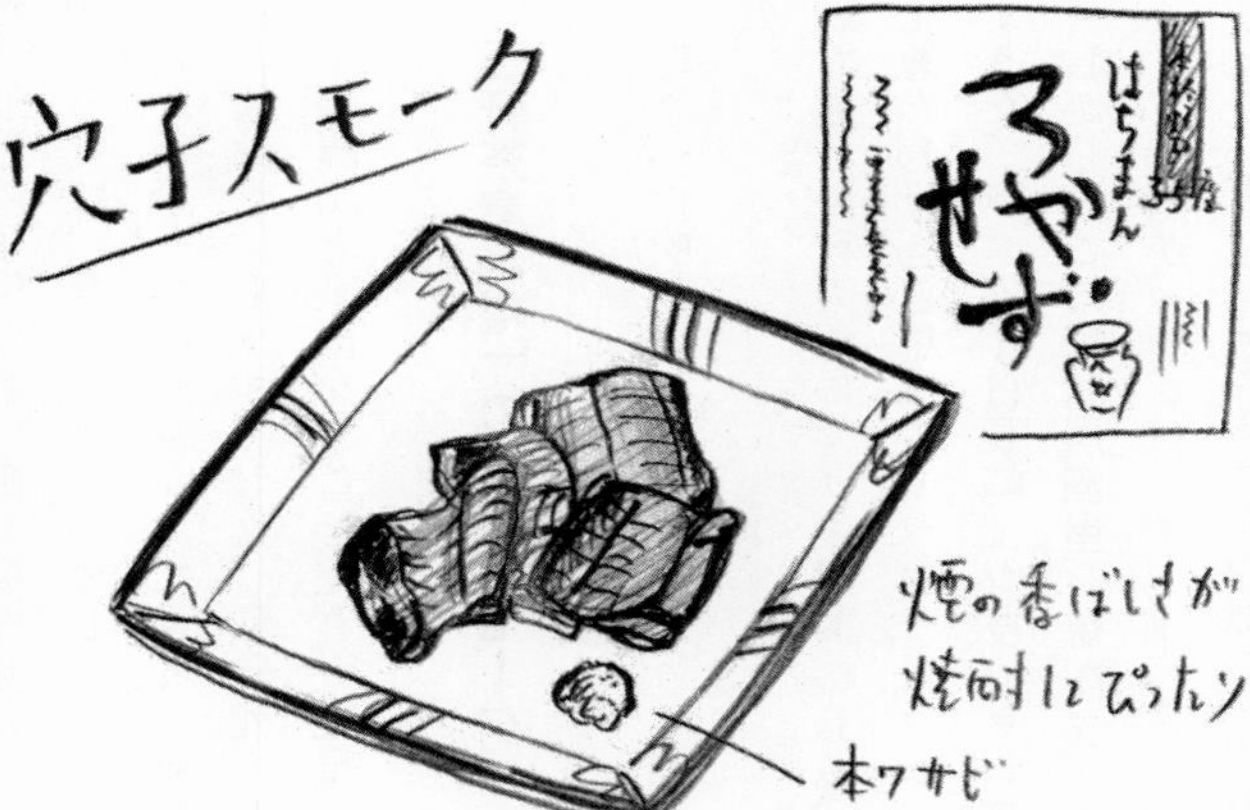

飲み方が健康への気遣いになり、派手な料理もいらないので金もかからない。この二つがブームの要因と言えるだろう。

　焼酎が中心になるとおのずと焼酎に合う料理が求められる。日本酒は魚、焼酎は肉が合う。肉が合うことがまた若い人に歓迎されてもいるのだろう。焼酎産地の鹿児島、宮崎はもともと豚、地鶏の産地。球磨焼酎の熊本は馬刺が名物。やはり酒と食は結びついている。また、さつまあげのような揚物も焼酎が合う。焼酎は従来の居酒屋では脇役であった料理をメインに新しい居酒屋スタイルを生んだ。

　その結果、鶏、豚、馬が焼酎居酒屋の御三家となったが、最近の人気は燻製だ。煙くさい燻製は日本酒には難しいが、ドライな焼酎にはピタリだ。この店も自家製スモークがいくつか用意される。「穴子スモーク」は、あまり煙くさくなく、脂がすっかり抜けて穴子の旨味のエッセンスとなり、本ワサビが味を引き立てる。

鹿児島の芋焼酎「八幡ろかせず」がおいしい。ここの焼酎は鹿児島が中心で地域別のメニューがいい。芋焼酎は鹿児島と漠然と思っていても、その蔵の地域まで知っている人は少ないだろう。

日置・南薩地区（八幡、純黒、晴耕雨読など）
北薩地区（島美人・村尾・伊佐美など）
国分・姶良地区（萬膳、佐藤、なかむらなど）
大隅地区（森伊蔵、魔王など）
屋久島・奄美地区（三岳、朝日、龍宮、長雲など）。

各地区につけられた土地の解説が地酒感を深める。例えば、

〈北薩地区＝川内《せんだい》川のがらっぱ（かっぱ）の話など多くの神話が残されている地区。特色のある酒蔵が集まっていることで有名な場所である。鶴が飛来する出水《いずみ》市もこの地区である〉

「この文はマスターが書いたの？」

「はい。僕は日置・薩南地区です」

小学校から高校までのよい時期を鹿児島で過ごしたそうだが、その後の長崎での生活が忘れられず、いずれは長崎で店を持ちたいと言う。

「食べ物はおいしいし、人柄はいいし」

「長崎で、いい女にでも出会ったんじゃない?」

「へへへ、いやまあ」

長崎の人は他人を受け入れ、温かい。自分にとって居心地のよいところが故郷だ。長崎への想いを語るマスターの人柄に好ましいものを感じた。故郷忘じがたく候。私も母は長崎出身で長崎は大好きだ。東京の焼酎・泡盛ブームは、その強い地方色が、東京一極集中へのアンチテーゼとして、心をつかんでいるのかもしれない。

荻窪「やきや」のいか塩辛

立ち飲みが大人気だ。気軽に入ってほどよく飲み、すっと帰る立ち飲みこそ居酒屋の原点。西洋では立ち飲みが普通だ。今や飲食業界一番の勢いだが、ブーム以前から個性派立ち飲みは、しっかり客を持っている。

荻窪駅南口を出て西武信用金庫荻窪支店前を左に少し行った左手の「やきや」もそんな一軒。立ち飲みゆえもちろんカウンター一本だが、シルバーシートの小机も一つある。

ここの名物は何といってもいかだ。主人の郷里、八戸から毎日送られてくる超新鮮なスルメイカを使ったいか料理は、刺身、みみ刺身、げそ焼、みみ焼、なんこつ焼、げそ揚げ、わたあえ、げそわさ、塩辛、いか納豆、いか大根、いかしょうが棒の全十二種。いか好きは胸はずませるだろう。

まず「いか刺」。胴のよいところだけを使い、波のように二山重ねて山葵がつく。それだけの盛りつけが自信の現れだ。

ほんのり茶色をおびた半透明な肌は新鮮な証拠。皆さん白いいかなんぞだめですぞ。山葵をつけず、醬油だけでひと口。……この甘味、コリッとしなやかな歯応え。これこれ、これぞ八戸のいかだ。いか好きの私はいか水揚げ日本一の八戸に何度も行き、味を知っている。それが東京で食べられる。

「わたあえ」はわたを練って味つけしたタレとげそをからめたもの。嚙み心地のあるげそが、タレの濃厚な甘辛味とほのかな苦味をいつまでも伝え、つまんでは酒で口を洗い、もうひと箸と、手が止まらない。

次は焼物。「なんこつ焼」は、げそのつけ根だけを焼いたもの。いか通は「みみ」とここを好む。少し焙り、かたわらの甕のタレをくぐらせ、もう一度乾かすくらいに焙って出来上がり。これまたしわくちゃな嚙み心地と、焼きすぎない、しかし焼いたからうまい火加減は絶妙だ。

んが、それらをすべて凌駕する絶品は「塩辛」だ。冷蔵庫から出した大きなガラス瓶をひとまぜして小鉢に盛る。ひんやりトローリした赤い塩辛の気品ある香り、どっしりしたコクにクラクラ。嚙み心地よいいかへのほどよい味のしみ具合に、面を上げ、目を閉じ、「陶然」という言葉しか思い浮かばない。間違いなくこれは東京一のいか塩辛。もう酒よりも完全に塩辛が主役だ。恥ずかしながら私はお代わりした。

そしてそして、これらのすべてが二百三十円前後という驚きの値段。ここまで読み、あなたは「あした行く」と決断したでしょう！

品書はうなぎ肝焼やモツ煮もある。合間に頼んだ「みそきゅうり」は長い一本の縦二つ切りで、姿も美しく、きゅうりはこうでなくちゃ。

感心したのは串刺フランクだ。誰かの注文を、何もここでフランクフルトソーセージを頼まなくてもと思いながら見ていたが、小さな網での細心な焼き方は、ごく弱火にのせ、時々火からはずして休ませ、また火にもどす。はじめは汗をかいていたフランクはしだいに表面がパリっと渇き、じつにうまそうになってきた。

昔は北口にあったのが南口に移ったが、内装や品は何も変わらない。小さな店が、まさに光り輝いている。

四谷「ととや」のさんま塩焼

四谷荒木町の車の入らない小路に入るとほっとする。

両側は、ほぼ百パーセント居酒屋、料理屋、バー、スナックで、ほの暗い路地に字体やデザインに趣向を凝らした行灯看板が、幾重にも重なり延々と続く眺めは、昭和三十年代の雰囲気を伝える。その中ほど、今や荒木町の主のような居酒屋が、壮烈に破れた大赤提灯の〈炭火焼〉が目印の「ととや」だ。

主人のトミさんは昭和三十七年、福島から上京し、鰻「竹葉亭」を皮切りに奉公を重ね、四十七年に荒木町で一軒を構えた。ここは五十三年からで今年で二十七年になる。ととやの人気は質実良心的な肴はもちろんだが、トミさんの元気で裏表のない人柄のつくる、田舎の農家に帰り大勢に囲まれて一杯やっているような、温もりの居心地だ。

私も社会人になりたての金のない頃、よくここで長酒をした。その後、忙しくなり縁遠くなったが、十数年もすぎたある日、思い出したようにのぞくと、何も変わらないトミさんから「太田さんでしょ」と声をかけられ、まさに古里への帰省。居酒屋のよさは美酒美食だけではないと知った。

そのととやが、建物の都合で引っ越すと聞きあわてた。

居酒屋はその町のその場所で愛されて育ち、常連がつき、いつ行ってもそこにあるという信用が財産だ。町柄と店が一致するのはたいへん幸福なことで、一朝一夕にはできない。

ここでの営業最後の日に出かけると、皿をカウンターに山積みしたり、机を動かし

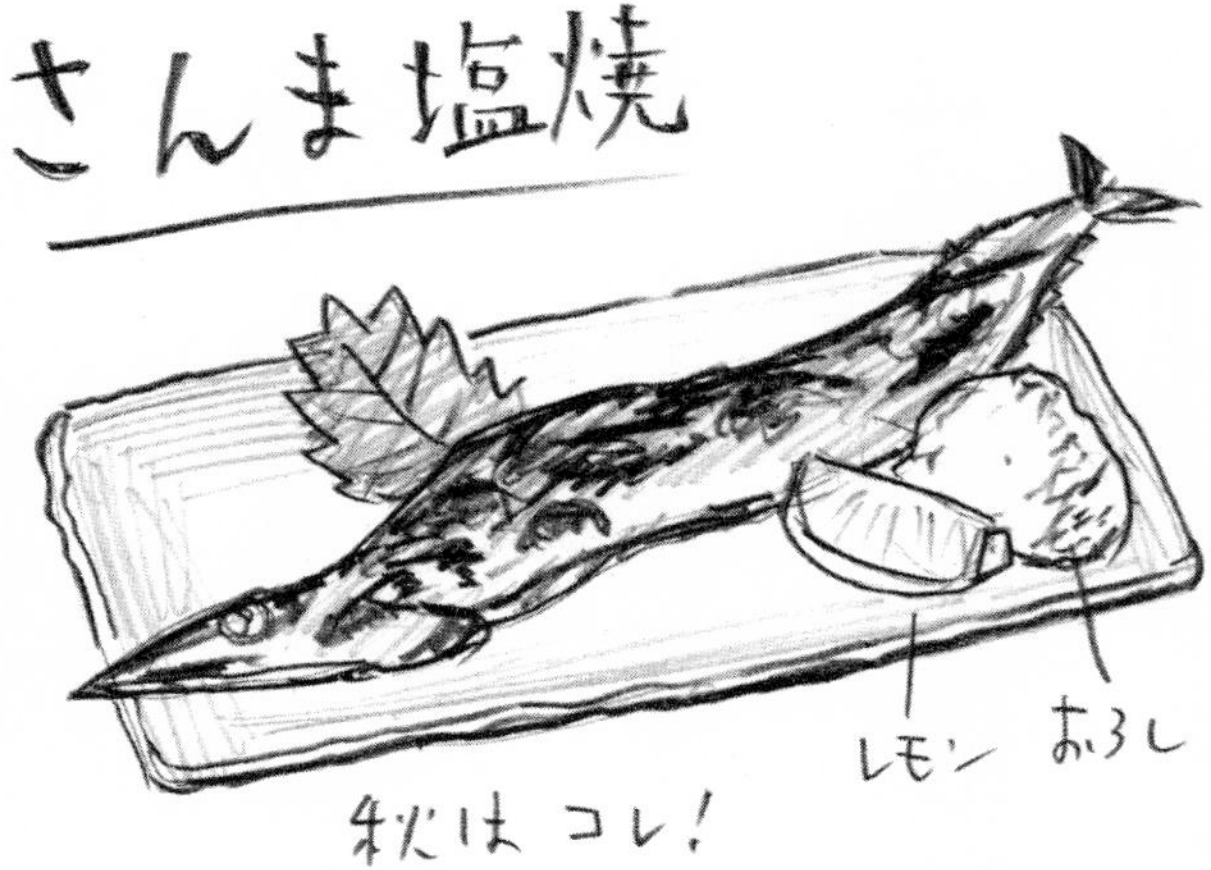

たり、店は大騒ぎだ。

「やってるの?」

「やってるやってる、今、場所作るから座ってて」

トミさんはいつも先頭で大働きだ。移転先は幸にも、この荒木町通りをもう少し奥に進んだ所で、それはよかった。

中三日の休日で新開店というハードスケジュール。一週間後、新しい店を訪ねた。この辺かなと思うより先に焼魚の煙で見つかった。あの破れ提灯がそのまま下がり、御祝儀の花が不釣り合いに所せましと並ぶ。

換気扇がうまく作動しないのか店内煙もうもうの中に、いるわいるわ、なじみ客で超満員だ。

「太田さん、ありがとう！」

早速トミさんの声が飛ぶ。つめてもらって座り新店内を眺めると、冷蔵庫も大机も焼台も皆、元の店のもの。名物大黒板は文字も消さずにそのまま運んだようだ。トミさんは引っ越しの先頭で獅子奮迅しただろう。

「使えるものは、みーんな持ってきた」

そう、それでいい。何もかも新しくなったんじゃおもしろくない。

「メニューも値段もおんなじ、オレは変わりようないもん」

そのとおり、いつも変わらぬ人柄が古里のよさだ。

ようし、さんまだ。

「さんま！」

「はい、太田さん、さんま一丁！」

さんまは家で食べるもので、考えてみれば私が外でさんまを注文するのはここだけだ。ということはここはおいらの古里の家だったのだ。とはいえ盛大に煙を上げた炭火焼はやはりひと味違う。まず腹からひと箸。

トミさんは、店が新しくなったことよりも、なじみがどっと来てくれたことのほうがうれしそうで、顔が輝いている。うれしいのはこちらもだ。古里がなくなっては困るではないか。
新開店おめでとう。

佃「江戸家」のいか丸焼

今東京で最も面白い風景は月島、佃ではあるまいか。建て方の同じ戦前の瓦屋根木造二階家が、長屋のようにぎっしり軒を連ねる先に、四十階最新高層マンションが林立する眺めは、時間をタイムスリップして歩くようだ。

居酒屋「江戸家」は酒屋、畳屋、焼鳥、床屋と、長屋のように同じ間口の二階家が続く中の一軒で、左はコリント式柱頭のエンタシス柱に、優雅なカーブのバルコニーが美しい疑似洋館だ。その家並の真向かいも巨大ビル工事中だ。

月島で開店した江戸家は、三年前この昭和四年の民家が空くと聞き、越してきた。内装を居酒屋に変えたが鴨居には当時の桟が残る。昔の小学校のような板張り床、天然木のカウンターが気安い感じだ。

さてと、壁じゅうに貼られた品書ビラをつらつら眺め、期待がぐんぐん高まった。刺身は戻りカツオ、ワラサなどの他に、アワビの千二百円は安い。焼ハマグリ、大ア

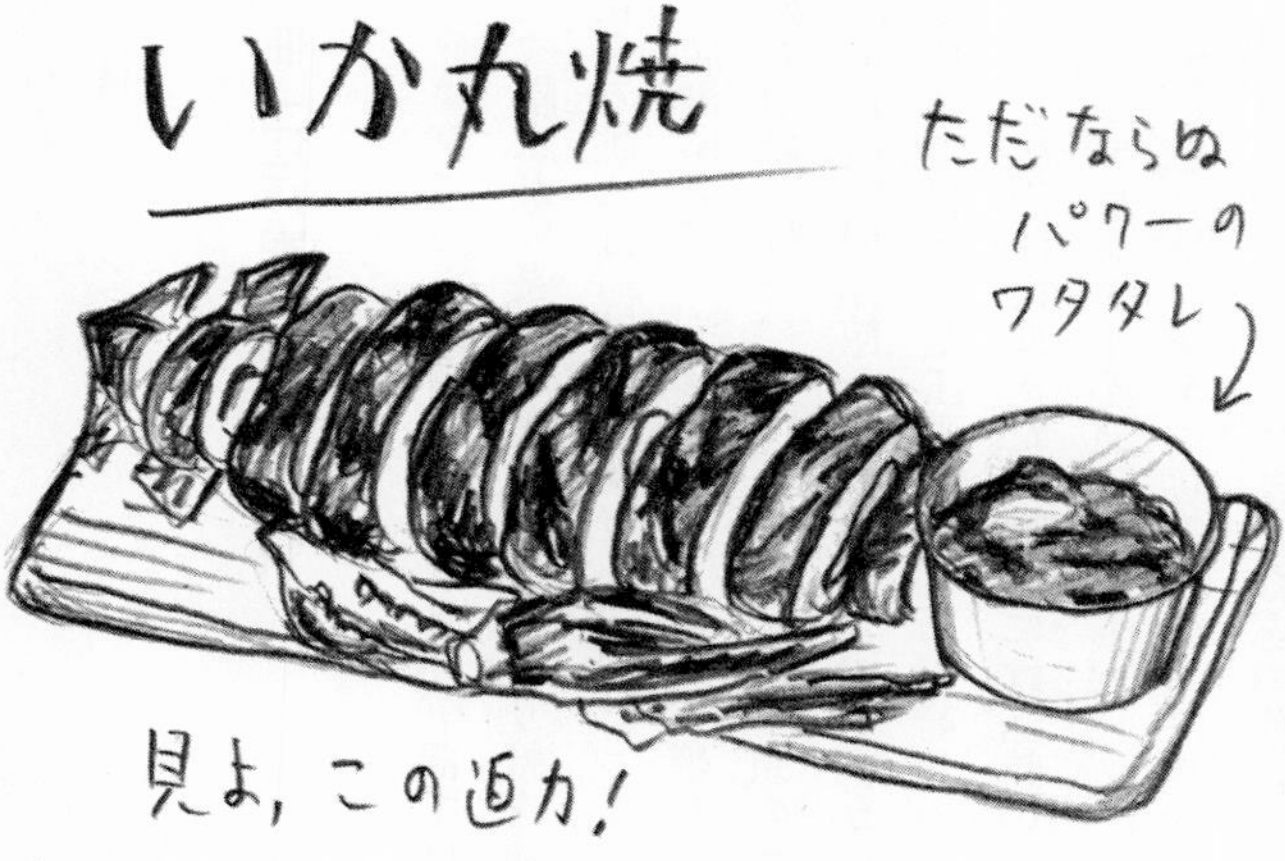

ナゴ白焼。ほっぺ叩き、ステーキなどまぐろ料理いろいろ。牛スジ、自家製ネギチャーシュー。天ぷらもあり、キスやかきあげ（小柱、いか、海老）をさっと揚げてくれるのはうまいだろう。あぶりまぐろ丼、まぐろづけ丼なども充実。さらに鍋各種には、牡蠣、つみれ、タラ、ホタテ、豚肉、白子、あん肝、海老を別追加できるのはいい考えだ。

ここを教えてくれた人は「いか丸焼」を絶賛していた。塩かタレを、タレで注文すると、早速焼台にのせた。

かなり大きないかが、胴とげそに分かれて横たわり、ワタをからめたタレをステンレス小鉢で一緒に温める。濡れてぴしゃぴしゃしていたいかは次第に乾き、皮が焼け、丸々としてきた。

「お待ち」

届いたいか丸焼に思わず「おお」と声を上げた。輪切りされた巨体にぶつ切りげそが寄り添い、小鉢のワタタレはふつふつ煮えて、さあ早くいかを突っ込んでくれと言わんばかりだ。

さっそく胴真ん中のいいところをタレに浸しひと口。

「はふ、はふ、ふひ、ふまい、んまい、こりゃうまい！」

生でも堅くもないぴったり焼加減のいかが、超濃厚なタレを身にまといパワフルに迫る。その味よ、香りよ！　慌てなくてもよいのに箸が止まらず、ようやくひと息ついて生ビールをぐーっとやって口をしごいた。

これはすごい。いか料理数あれど、これこそ実力武闘派の圧倒的な真の覇者だ。北海道のゴロ焼は身をワタにからめて鉄板で焼くが、これは熱いワタタレに漬けて食べるのが大いなる発明だ。

いかはうまい。日本人の一番消費量の多い魚介類はいかなのだそうだ。いかとそのワタは相性がよく、丸焼は熱々の、塩辛はひんやりの、両代表といえようか。

格好つけていない店内は居心地よく、カウンターに置いたガラス蓋木箱は魚が氷に埋まる。隣は築地。鮮度は保証つきだ。

「なめろう」は普段はアジだが今の時季はサンマもできる。本来サンマで作るものだそうで、アジよりも脂がのってコクがあり、それをホタテの殻で焼いた「さんが焼」が、またビールに合う合う。何を頼んでもうまいという信頼感はもうがっちりだ。秋田名物の「いか鍋」もあり、今度はこれと、アワビのステーキだァ。

祐天寺「ばん」のトンビ豆腐

多くのファンに惜しまれて昨年暮れ閉店した、中目黒のもつ焼「ばん」が、所を変えて再開していると聞き出かけた。

場所は祐天寺。駅からはやや離れているが駒沢通りに面した好立地。小さな店の暖簾をくぐると、おお、いるわいるわ、ばんの常連が。

古い木造一軒家の二階まで満員の、砦《とりで》のごとき様相だった前の店に較べると、とても小さくなったが、カウンター周りの雰囲気は変わらない。一隅に席を取りいつものようにレモンサワー。焼酎と氷入りのジョッキに炭酸一瓶、生レモン一個にレモン搾りのセットは前と同じだ。いそいそとレモンを搾り炭酸を注いでまず一杯。そしてカシラ、軟骨の串をグィとやると、これだこれだと顔がほころんだ。

「太田さん、どうも」

覚えてくれていてうれしい。

「ばん」は昭和三十二年開店。中目黒で四十七年続いて、昨年店を閉じた。理由はお定《き》まりの再開発地上げで、抵抗するただ一軒になっていた。跡には四十五階建ての高層ビルが立つ。そこに出店する権利はあるが、もつ焼屋がビルの中じゃおもしろくない（その通り！）と閉店を決めた。

最後の十二月二十八日は、花束を持った客、八十歳の常連、毎日同じバスでやって来てきっかり千円飲み、同じバスで帰る七十歳、四十七年間毎日通ったと豪語する猛者など、ばんを愛する客が店からあふれ、通りを埋めて、立ち飲みで別れを惜しんだという。

これほどまで愛される理由は、上質のもつ焼、元祖レモンサワー、超安価（もつ焼一本百円、一本から注文ＯＫ）はもちろんだが、店のざっくばらんで自由な雰囲気にあるのは間違いない。誰もがここを自分の場所と思い、一日の労働から自らを解放し、暇なリタイア中高年組はここに座る時間を楽しみにし（四時開店なのに三時半には来ちゃう）、老人は家から出て社会に接するボケ防止になった。

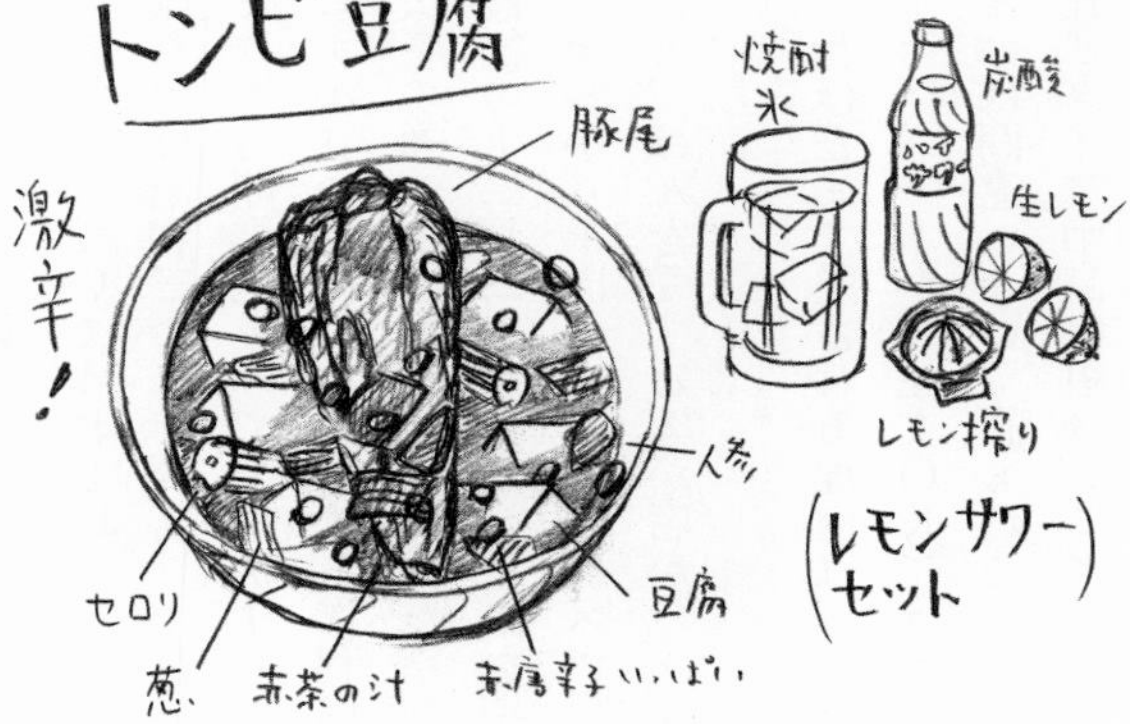

もうやらないつもりだったが、前の主人の弟さんが引き継ぎ、今年の三月一日にこの祐天寺で再開した。しばらくは客の九割は中目黒の常連だったが、外で根気よく待つ客を見て地元の人も興味を持ち、今やまた連日の満員が続いているという。引退したはずの兄もちょくちょく顔を出し、仕込みを手伝ったりしてゆくそうだ。

「ほんとは、またやりたいんじゃないの」

冷やかすとアハハと笑う。

さあてそれじゃ、名物「トンビ豆腐」だ。トンビとは「豚尾」。豚のテールを汁たっぷりに、葱、人参、セロリ、赤唐辛子で超激辛に煮込み、豆腐をいれたもの。出て来ただけで辛さが目にツーンとくる。とろとろに煮えた豚尾や、汁をまとった豆腐を口に運ぶと、しだいに頭の頂点に辛さが抜けキリキリとしびれ、恍惚忘我放心状態になる。

「ふはー」

あまりの辛さに一息つくが、ではやめるかというと止まらないのが辛いものの怖さ。その辛さをサーッと消し去るレモンサワーの爽快。合間につまむ胡瓜、大根、人参のぬか漬のうまいことうまいこと。この伝統のぬか床だけは守ってきたそうだ。そうでなくっちゃ。髪の長い紅一点アイドル娘、陳艶珍さんもニコニコお出迎え。

というわけで、魅力の「ばんナイト」はここに復活！

四谷「おく谷」の揚げギンナン

四谷荒木町に入るといつもほっとする。車の通らない両側は居酒屋、バーがどこまでも続き、しかもけばけばしさがないのが大人の町だ。町並みがどんどん変わってゆく昨今、こういう通りはほんとうに貴重になってきた。

その中ほど鉤《かぎ》の手に折れた角の小さな稲荷神社がある車力門通りの一本西側、柳新道通りに居酒屋「おく谷」がある。

入ると右に八人がけくらいの大きなテーブル、奥に小さなL字カウンターと、いたってシンプルな店内だ。カウンターに座り、まずは品書。魚のほかに、豆腐ステーキ、じゃこ入りニラ玉、和牛おろしポン酢、肉豆腐、焼キノコ辛子醬油、ニラ水餃子、特製ポテサラなどなど。マスターは布くるみボタンの白い洋食調理着で、ジャンルにこだわらずおいしい家庭料理を出す居酒屋のようだ。

「カレー大根て、何?」

「大根にカレー風味のひき肉をのせたものです」

なるほど。

「煮魚は?」

「メバルとサメです」

ははあ。

さて届いたしめ鯖は、そぎ切りでけっこう厚く、しっとりしてたいへんおいしい。

店内は葭簀《よしず》のすだれがあちこちに下がり、カウンター端には小菊が投げ込みで活けられ、落ち着いた雰囲気がいい。

お待ちどおさまと「揚げギンナン」が出た。

青竹ざるに二つ折りの半紙。みごとに大玉のギンナンは軽く油をまとってつやつや

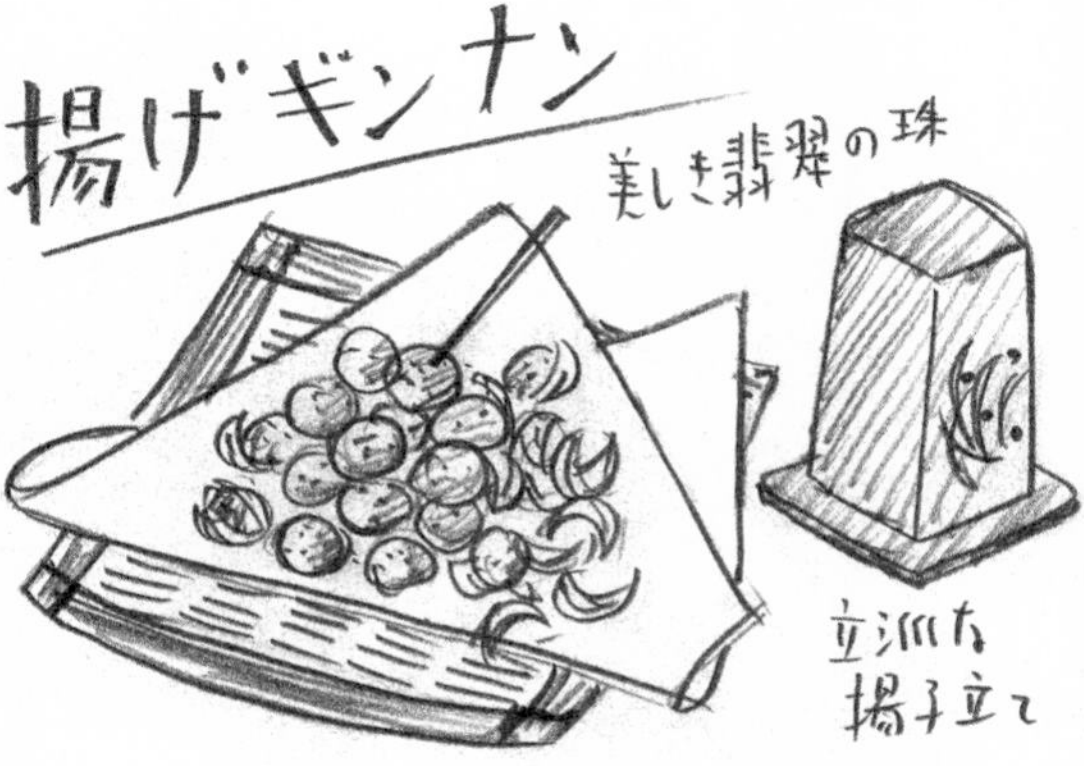

と緑に光り、振られた粗びき黒胡椒《こしょう》が点々とするのがこの店の流儀か。全粒の半分くらいは薄皮を剥《む》き、残りは皮つきのままなのが野趣がある。ギンナンだけは箸ではなく爪楊子《つまようじ》だ。楊子立ては蒔絵塗物の立派なもので、四角い蓋を持ち上げて取り出す。これいいな、わが家にも欲しい。

プスリ。

色あざやかなのを一粒刺して口に。ぴりっときかせた胡椒がいい。これこれ、このギンナンを口にすると、しみじみと秋の深まりを感じる。青山絵画館前の銀杏並木もまもなく黄金色に代わり、ギンナン拾いの人が現れるだろう。

酒はもちろんお燗。燗酒の雄、福島の

「大七」のあるのがうれしい。

店は実直そうな調理のマスターと黒セーターのママさんの二人だ。ママさんのつやつやした黒髪はまさに濡羽色で、きれいなひっつめは力士の髷《まげ》のようだ。入って来た常連らしき一人客は、ママさんに一発冗談をとばしてカウンターに座った。

「三人娘では、これがいちばん違和感あるのよー」

テーブル席の賑やかな声が聞こえる。

「中尾ミエ・伊東ゆかり・園まり」「山口百恵・桜田淳子・森昌子」はいいが、「小柳ルミ子・天地真理・南沙織」は違和感があると、罪のない話題でおじさんと女性たちが、仲良く盛り上がっている光景がいい。三人娘なら「ひばり・チエミ・いづみ」を忘れるなと話に加わりたい。

カウンター隣の中年紳士二人連れも常連のようで「今日は何がいいの？　じゃそれ」ともの慣れている。届いたカツオのたたきは玉葱スライスがいっぱいのる四万十風でうまそうだ。

誰もがくったくない様子は、いかにも安心できる家庭的な店だ。この家庭的雰囲気こそが荒木町の酒場に共通する魅力なのだと気がついた。

谷中「町人」のはたはた

日暮里駅北改札口の西口を出て先の十字路を左へ。初冬の夜、古い寺町の通りはひっそりと暗く、夜目に朝倉彫塑館のシルエットがそそり立つ。灯りのもれる「赤塚べっ甲店」では職人が夜なべのようだ。

広い通りを右に折れると「町人」の印象的なステンドグラスのランタンがぼおと見えた。

店は手前に大机ひとつ、中に小さなコの字カウンター、奥には丸机。カウンターに席を取った。

店中をすき間なく埋め尽くす古いものがすごい。

ランプ、柱時計、お面、如雨露《じょうろ》、タイプライター、ランドセル、カンテラ、地球儀、風船、壺、古皿、何かの鉄の道具などなど。古美術にあらず、骨董にあらず、はっきり言ってガラクタ……。

「よく集めたねえ……」

「いや僕じゃないんですよ、先代が」

ニットの帽子をかぶるマスターはここの常連だったが、先代女性店主に店を閉めるけれどよかったらやらないと誘われ、四日めに「やる」と返事したそうだ。

「まあ即決ですよ」

フリーでライターの仕事をしているが、昔からやってみたい職業が二つあり、その一つが居酒屋の主人だったという。

「もう一つは?」

「古本屋の主人」

「そのままの格好で務まるよ」

「そうだな、あはは」

人好きのするマスターはもう何十年もここに座っているような雰囲気だ。さて何にしようかな。

「町人揚げって何?」

「いわしのつみれの素揚げですが、今日はいわしが入らなくて」

では、と「はたはた」を焼いてもらうことにした。張紙に「秋一番、日本酒がうまい」とある「正雪・秋あがり」の燗はとてもおいしい。

こんがり焼けた二尾のはたはたは身離れよく、時季の味だ。秋田で知ったこの魚も

はたはた

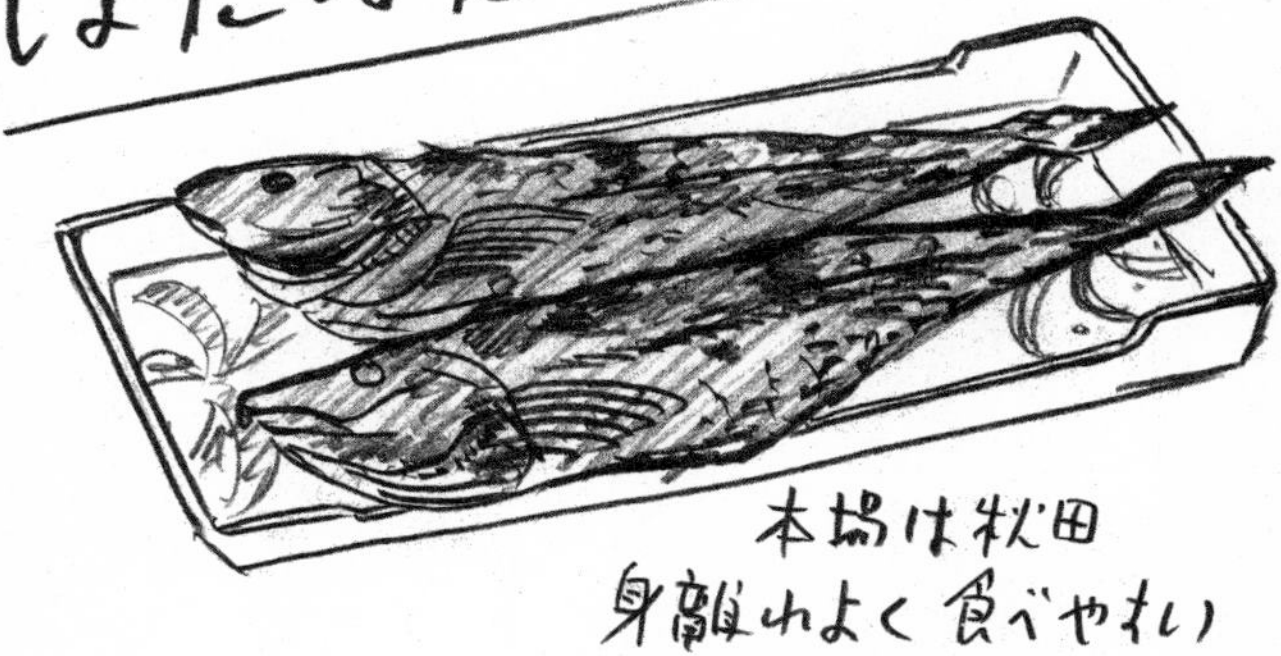

東京で食べられるようになった。
「客はやっぱり芸大生が多いの？」
近くは東京芸術大学。音楽部も美術部もよく来るという。私は芸大をめざして果たせなかっただけに思い入れがわく。

太い丸太をカスガイで素朴に組んだ造り。廃舟材の机。おもちゃ箱をひっくり返したような店内は、いかにも芸術、美術の学生好みだ。価値の定まったものを整然と並べるのは老人芸術家のすること。若い美大生は自分にしかない感性で、一見ガラクタに命を吹き込む。乱雑、混沌こそ若さの美学だ。私は美術を志した高校時代を思い出した。美術部の汚い部屋もこんな風だった。

学生のみならず、代々木上原に住む高

名な外国人画商もよく来るそうだ。何かのパーティーのあとなのか、有名な現代美術館の館長とヨーロッパ各国大使のお嬢さんたちが、カクテルドレスで来たこともあったという。それはよくわかる。美術系はこういう店が好きだ。ここには美術の原点があるからだ。そういう居酒屋が、一歩外は店など何もなく、古い民家がひっそりと続く谷中の、夜の暗さ、静けさのなかにあるのが最高だ。

最近、編集者とか、パリに五年住んでたというような独身女性が谷中に越してくるケースが増え、仕事を終えて家に戻ってからゆっくり飲みに来るという。この店の静かで温かい居心地が夜の眠りにつくまでの時間をすごすのによいのだろう。酒も肴もさほど変わったものがあるわけではないが、これこそ居酒屋だとの思いを深くした。

浅草「志ぶや」の煮凝り

浅草雷門の右、かんのん通りに「志ぬや」の行灯看板がある。若い人は「ぬ」を「ぶ」と読めるかな。

ここは濃厚に残る往年の居酒屋の粋と艶が魅力だ。その一つがご近所衆の名札額。いちばん古い総彫物額縁の開店祝には、浅草を愛した作家永井荷風ごひいきの洋食

「アリゾナ」の名もある。「浅草志ぬや賛江」の額は三つも上がり、下町の結束を感じる。壁にはさりげなく三社祭の団扇。

開店五時にカウンターはいっぱいだ。やや低めのカウンターは姿勢良く箸を扱え、L字に囲む小上がりは普通より床が高く、座ると店の人、カウンター客、自分、全員の目線が同じ高さになり、店の一体感がしっかり生まれ、昔の棟梁の設計のうまさに感心する。私は今日は小上がり。ここから声をかけて注文できるのがうれしい。まずは「煮凝《にこご》り」だ。

飴色の中に魚の身が透けて見え、ふるふるするのに芥子をぺたり。口に入れると噛《か》むまでもなくじんわり溶け、魚の旨みでいっぱいになる。ここのは本式にサメで、今日は寒いせいかやや硬く凝ったようだ。

そして含む燗酒のうまさ。冬の煮凝りほど燗酒に合う肴はない。煮凝りで冷や酒を飲むのはバカだ。となるとうまい酒が欲しくなるが、ここは古い店には珍しく「伯楽星」「奥播磨」「睡龍」「酔右衛門」「小笹屋竹鶴」など新鋭の良酒がよく揃い「神亀・真穂人《まほと》」お燗の悠然たる味わいに「タハー、たまらん!」と目をつぶり首を左右に振る。

品書の「みそ豆」は昔の東京を知る人には懐かしい品のようだ。根岸の居酒屋「鍵屋」のお通しはこれと決まっているが、ここのはもう少し柔らかく、青海苔、葱がたっぷりかかり、醤油をまわすと箸休めに好適だ。

カウンター最後の空席に座った革ジャケットの貫禄ある旦那は、注文せずともいつものが出ているらしい。そこにウランちゃんのようなかわいいお嬢ちゃんが「おじちゃん」と寄りつくと、旦那の強面はたちまちくずれニコニコと頭をなぜる。後から来た若いお父さんが旦那にご挨拶。後ろから誰かが背をつつき、ふり返ってまた挨拶。親しそうなご近所関係に心がなごむ。

そのつついた人は先に来て仲間を待っていたようだが、ようやくそろい、服装も年代も違う男四人はどういう関係かわからないがワハハ、ワハハとたいへん楽しそうだ。

先代が魚屋だったのを今のご主人が居酒屋にしてかれこれ四十年。ご主人と奥さん、息子さんと美人若奥様、もう親戚のようなものという手伝いのおばさんの理想の編成。おばさんが四人組に茶々を入れられ「三十年も来てるお客さんだから、言いたい放題なのよ」と笑いながら私にこぼすのがおかしい。

手が空いたご主人がカウンターから出てきて常連さんに挨拶、新参者の私にも声をかけてくれうれしい。前に来たとき、玉のようにかわいいお孫さんが店をうろちょろするという、何とも心温まる光景が見られた。浅草の人情健在なり！

この店には居酒屋に望みたい温かな人間味がある。世の中がぎすぎすし、他人行儀になるばかりの昨今、私は心が洗われた。これを宝物と言わず何と言おう。

柳橋「玉椿」の寒ブリ造り

東京を横断する神田川が大川に注ぐ端の柳橋は、浅草花柳界の代名詞。昭和四年架橋の優美な鉄のアーチに灯る街灯が美しい。

そのすぐ近く。コンクリート打ち放し大壁面に錆茶の暖簾だけが下がるモダンなビルに、居酒屋「玉椿」がある。

カウンターと卓席の気軽な店内に働くのは若い三人。そろいの黒Tシャツに「SOBA SAKE SINCE 2002」と入る。

「阿部勘」「喜久酔」「十九」「中屋」「東洋美人」「磯自慢」と充実した酒の揃えに珍しや豊盃の「ん」が。青森のこの酒は、東京では青森出身主人の阿佐谷「善知鳥」でしか見ていない。

「珍しいのがありますねえ」

「この頃日本酒の方が多く、豊盃の純米吟醸は昨日で終わってしまいました」

答えた女性は「こんばんは、お疲れさまです」と迎えてくれた感じのよい美人だ。

カウンターには山のように皿が重なり料理への気合いを感じる。盃はざるから選ぶ。十数個あるのをじーっとにらみ（口にするものだからあれこれ手に取ってはいけない）瑠璃色のを選んだ。お燗は白い手びねりの背高片口だ。

ツイー。

うーん、うまし。

「燗具合ちょうど」

「よかったー」

女性もにっこりしてくれてうれしい。

さて。黒板の本日のおすすめの肴十種はいずれも魅力で大いに悩む。その字が女らしくきれいだ。昼手伝う女性が書いているそうで「伝えておきます」と言ってくれた。伝えてくれたかな。

黒板のトップは誇らしげに「富山産寒ブリのお造り」だ。そのとおり。今の時季ならこれを頼まなければいけない。

届いた白角皿の寒ブリは薄桃色に絹のような白い筋目が入り、鮮紅の血合いが歌舞伎隈取りの如く引き締める豪華な面立ちで、分厚いのが六切れ打ち重なる。

まず一切れ。ねっとりしているが脂くさくなく新鮮。このボリュームのある旨みは冬の刺身の王者だ。

「うまい！」

「ありがとうございます」

まだ新しいこの店は気の合った男女三人でやっているらしく、のびのびとした雰囲気がいいが、ご近所らしき大人の客が次々に入って来て「今年もよろしく」と声をかけているのは、確かな仕事で常連を得ている証拠だ。予約の電話が鳴っている。

次の酒を思案していると「およろしければ、これはいかがでしょうか」と未開封の一升瓶を持ってきた。「池」という名は知らない。〈伊豆高原の酒屋が富士錦酒造に製造委託した〉とある。

「伊豆で寿司屋をしている姉が送ってきたんです」

ほー、美人姉妹なんだろうな。では。

ツイー。

冷刀のような冴えがあるが新酒でまだ硬い。夏を越すと味がのってくるだろう。秋までこのまま置いておきなさい。

冷や汗ものでエラそうなことを言うと「最初にわかる方に飲んでいただけてよかったです」とこちらが赤くなるご返事。これは責任持って秋に飲みに来なければ。

「大洗産のあん肝の自家製味噌漬」、当店定番という「鯖の自家燻製」もたいへんおいしく、お通しのカラリとした揚げそばが箸休めに重宝した。

「しまった」

最後に蕎麦を食べるのを忘れた。

自由が丘「金田」の胡麻豆腐

名店の誉れ高い自由が丘の「金田」に久しぶりに出かけた。

「いらっしゃい。どうぞこちらへ」

案内されたのは右カウンターの奥。たまたま空いていたのだが、常連席でいささか緊張する。

「失礼します」

隣客に声をかけて着席。燗《かん》酒を頼み、さて肴《さかな》の注文だ。刺身は石鯛、カワハギ、アオリイカに、お、フグがある。

「フグ始めたの？」

「息子が調理免状取りまして」

おなじみニカニカ顔で笑うご主人は、そのおだやかな人柄で店に落ち着いた空気を作り、信用厚い。それではと珍しい「フグのぬた」を注文した。

届いたぬたは淡黄色の味噌に湯通ししたフグの白い身が見え隠れし、刻み込んだはじかみが赤紫色をわずかに添える。

ひと口。

やや酸味のあるねっとりした白味噌のからむフグは、さすがフグの味でしかも大きく、わずかなはじかみの辛みが絶妙だ。新顔の料理でもこの完成度の高さが金田だ。

ご主人が紹介してくれた隣の紳士は、なんと御歳八十九歳、間もなく九十になられるそうで私は感嘆した。ピシッと伸びた背筋、血色よい肌、何よりも眼光に生きた強さがある。石鯛刺身を肴に、悠然と焼酎お湯割りを傾ける姿は、酒仙などという老人めいた言葉は合わず、現役ばりばりの酒徒だ。

何十年くらい通っておられますかと尋ねると「地方支社にもいたから間は空いてるよ」と笑う。

「ここに座っていると、日銀（日本銀行）のタンカン（短期観測）なんかよりも景気の動向がわかるね」

おっしゃることも現役だ。これはよく頼むんだと分けてくれた「百合根の白煮」はびっくりするほど大きな百合根でたいへん上品な味。「僕は最後がビールなんだよ」とエビスの小瓶を取るのも堂に入っている。「じゃ、失礼」とあっさり帰ってゆかれ

胡麻豆腐
黒楽ふう
茶碗に
鎮座する
存在感
すばらし

る姿もじつにスマートだ。

私もいい年だが九十歳ならまだまだ余裕がある。なんだかあらためて人生に大きな希望がわいてきたようだ。

さて、なくならぬうちに頼んでおかねばならぬものがある。京都で七年修業した息子さんが、親方に「これだけは関東にはないから、やるといい」とすすめられた「胡麻《ごま》豆腐」だ。材料は胡麻と葛のみ。胡麻を丁寧に炒り、擂鉢であたって毎日四時間かかるという。

長次郎黒楽茶碗のような大ぶりの黒椀にゆらりと置かれた濃茶色の胡麻豆腐に緑のおろし山葵《わさび》が映え、うっすらと汁に浸る。ザラリとした舌触りから立ち昇る胡麻の深い香り、味は絶品だ。

ご主人は店の大黒柱になりつつある三代目の息子さんに目を細める。調理場に立つ一人は、昔、金田に客で来たことがあり、調理学校の〈求人募集金田〉の貼紙を見てすぐに応募してきたのだそうだ。

それにしても居心地がいい。大声や、聞き苦しい愚痴をつらねるような野暮な客は一人もおらず、静かに充実した空気は、これこそ山の手が生んだ居酒屋文化だ。

昭和十一年、先代が始めた居酒屋はいつしか「金田酒学校」と呼ばれ、壁に〈祝五十周年・金田酒学校一同〉のプレートが、そして〈祝六十周年〉もある。

「おかげさまで今年は七十年です」ご主人が莞爾《かんじ》と笑った。

七十年おめでとうございます。

以上　「太田和彦の居酒屋ひとりカウンター」（『日刊ゲンダイ』二〇〇五年／四～十月連載）

Ⅲ　たまには夫婦で

代々木上原「笹吟」

夫婦で行ける居酒屋の条件をあげれば、若者や会社帰りのサラリーマンが騒いだり気炎を上げる騒々しい店でないこと、質のよい酒肴があること、上品な雰囲気であること。奥様がご一緒であれば当然値段にもうるさく、質に見合わない値をつけていれば、たちまち不合格。

客層、質、雰囲気、値段のすべてをクリアした理想的な夫婦で行ける居酒屋が「笹吟」だ。場所は高級住宅地を控えた代々木上原。ターミナル駅やオフィス街ではないから、会社帰りに一杯という客はまず来ない。モダン和風の明るい店内は軽快で旧来の居酒屋とは一線を画し、デザイン過剰でも高級割烹でもなく、まことに程のよい居心地が落ち着ける。

女性だけのグループも目立ち、女性の方が多いことも珍しくない。ご近所にお住まいらしき上品なご夫婦がカウンターに並び、旦那様はおもに酒、奥様は料理を楽しんでいる。いや、奥様もけっこう盃を重ねている。もちろん落ち着いた男性客もいて、店を引き締める。

酒は全国の一騎当千の日本酒が、それも往年の有名銘柄ではなく、今評判の高い気鋭の名酒がずらりと並び、日本酒通をうならせる。奥様連れで行ける店は、概してちまちまと女性好みで酒はロクなものがなく、夫は「今日はつきあい」とあきらめる他ないが、ここでは夫をして「今日の酒は」と意気込ませる。カウンターに立つヒゲのご主人・成田満さんと夫が日本酒談義をかわすのを、奥様が感心したように、あきれたように聞いているのは、ほほえましい眺めだ。

そして料理。品書きの裏表を埋め尽くす品々を、まずは時間をかけ（十分はかかるでしょう）、じっくり読んでほしい。本日の刺身から始まり、筍や山菜など、次第に創作性の高い品に目を奪われる。例えば今日は、「海老とセロリのサワークリーム和え」「マテ貝の一味醤油焼き」「床ぶしと新じゃがの肝炒め」などなど。材料、調味、調理を表した料理名は味を想像させたり、想像できなかったりで、まことに興味をそそる。その真骨頂が、常に二十種以上ある「和え物」だ。一か月に一度メニューは変わるが、「柿と帆立のブルーチーズがけ」「鰯とルッコラの酢の物」「百合根と合鴨の玉子とじ」などは忘れ難い名作だった。

と書くと、塩辛丸干し派の保守的酒飲みは、「そういうものは…」と尻込みしそうだが、まあ試してみていただきたい。今の日本酒は、ワインのように食べながら飲む酸の高い食中酒に設計されているものが多く、その酒の傾向を見据えた新しい居酒屋料理が展開されている。強調したいのは、単なるアイデア料理ではなく、出汁をきちんと据えた日本料理の基礎にしっかり支えられている点だ。それは焼物、煮物、揚物、汁物など、オーソドックスな品を頼んでみればすぐにわかる。

というわけで、リラックスして酒、料理を楽しむ客でいつも満員だが、酔いすぎる人がいないのも店の雰囲気を健全にしている。

さて、夫婦居酒屋は最後にご飯物がなくてはいけない。本日は「空豆炊込みご飯」と「アサリとわけぎの汁かけめし」。さあ、どっちにしようかな。

神田須田町「ぼたん」

歳の暮れ、あるいは正月明けのゆっくりした日、夫婦水入らずでお互いをねぎらう時間を持つのはどうだろう。すれ違いの日々、一緒にいても言葉をかけ合うのを忘れた毎日に、席を改めて出かけるのはよいことだ。

そんなときは老舗に行こう。いい歳になれば老舗といわれる店は知っていたい。いい機会だから入ってみよう。それも入れ込み大広間の客になるのがよい。無理して個室などとると差し向かいで家にいるのと同じで話もはずまない。隣に他人が居ればこそ、二人いつまでも黙っているのも変だし、深刻な話や、まして言い争いなどできないから平和な会話に終始する。ここがいい。

暮れならば、

「一年間、ご苦労さん」

「あなたこそ、お疲れさまでした」

正月ならば、

「今年もよろしくな」

「こちらこそ、お互い元気にね」

互いのねぎらいはきちんと言葉に出すことが大切だ。言葉は平凡でいい。平凡なことを平凡に言えることこそ幸福だ。そして盃を上げよう。

というわけで出かけたのは神田須田町の老舗鳥すきやき「ぼたん」。創業明治三十年頃、地上三階木造建ての見事な一軒家は、関東大震災後の昭和四年の築で東京都選定歴史的建造物だ。玄関ははっぴの下足番がいて履物はそのまま脱いでゆく。

二階大広間は天井高く、床の間、牡丹の絵額、欄間の細格子。板廊下をはさんだ総ガラス戸から外がよく見え、昔の日本間は広いと実感する。広間に大きなコの字に座布団が並び、着物の仲居さんが案内する。向き合う間に置いた小さな専用角火鉢に白衣のお爺さんが真っ赤に熾った炭火を分けてゆく。脇は一人ずつの小さな二月堂机だ。鉄鍋を火に置くと飲み物をうかがい、黙っていても鳥すきやきの皿が運ばれる。昔からこれがメインで他は焼鳥やささみの三つ葉和えがある程度。鍋は最初だけ仲居さんにやってもらい、三皿あるから、後は濃い割下、薄い割下を使い分けて自分で。

「あなた、これもういいわよ」

「お、そうか。ん、うまい。お前も早くつつけ」

この平凡な会話がまたいい。そのために鍋仕事のあるここに来た。合間に酒も。

「一杯どうだ」

「そうね、……ああ、おいしい。やっぱり外はいいわね」

この一言を聞きたくて連れ出した。百十年になる名代の鳥すきはさすがに洗練され、いくらつついても飽きることがない。そのうち鳥肉の味を吸った葱がうまくなり、焼豆腐に箸がのびる。最後は卵でとじ、白いご飯にのせてミニ親子丼。奥さんの腕の見せどころだ。だらだらと余計に注文するものもなく、単品であっさり終わるところもいい。

「ああ、うまかった」

「また来ましょうよ」

後年、歳老いて「あのときの鳥すきやき、うまかったなあ」と言えるための思い出作り。それにはやはり老舗がいい。

出たら向かいの、こちらも老舗の甘味処「竹むら」へ、もうひとつ奥さんサービス。

「そのあとの、お汁粉がまたよかったの」

これで完璧です。

銀座「やす幸」

四月はスタートの月。入学に、就職に、新しい出発を祝うときだ。家族でするなら銀座がいい。「あのとき銀座で祝ってもらった」は新宿、渋谷より有難みがある。いや、こうして思い出してもらえる地名は銀座だけかもしれない。

銀座は値段が高い、若者の出発にあまり高級はよくない……とご心配なく。おでん屋でいい。

つもある。

「おでん屋かぁ」と言うなかれ。銀座はおでん屋といえども格式をもち、名店がいくもうひとつ。祝いの節目は老舗ですることだ。いくら今人気のレストラン、ようやく席がとれた、などと言っても、数年後に店はなくなっていたでは話にならない。今日はスタートの祝いの日。これから、卒業↓進学、就職↓転勤、転勤↓本社戻りなどの節目節目を同じ店で祝う。そのスタートでもあるからだ。

てなわけで銀座七丁目「やす幸」へ。創業昭和八年、文句ない銀座の老舗だ。白木の店内は清潔で、白衣の男たち、着物の女性たちが何人も働いて、大衆おでん屋と違う華やかな雰囲気。ここなら政治家や俳優が来てもおかしくない。カウンターに立つ二代目は御年七十をすぎて、艶も覇気もまだまだ男盛り。後ろでお燗番を務めるのは三代目。酒は注文のたびに特製の錫ヤカンで燗具合を確かめて出す。客席は、角、奥、板前、帳前、鍋前、鏡、鏡戸と、おでんを届けるための符丁がある。私の座るのは鍋前、二代目ご主人の真ん前だ。

「さて、何にしましょう」

「んーと、大根、つみれ、若布」

「へい、コンツミワカ、鍋前!」

と言ったかどうかは正確ではないが、湯気を上げ一皿が届いた。その皿は縁に青線一本の白無垢。おつゆはあくまで透明だ。やす幸のおでんは昆布でしっかり出汁をとり、醬油は使わない。昆布の出汁と食べる昆布は、昆布昆布で喧嘩するので、食べる用には若布を入れる。その緑あざやかな若布の美味しいこと。薄味でこそタネの味がわかる。つみれは鰺で、ほんのりきかせた柚子香がいい。

「人気は何ですか」

「そう、大根、豆腐、つみれに大玉あたりですね」

大玉は玉さつまあげ二個の串刺しだ。豆腐は刻み青葱たっぷりにさっと醬油をまわして、たいへんおいしい。季節の刺身など他の料理も充実し、いただいた「茶わん蒸し」のおいしいこと。

夕方の開店から、次から次に客が来る活気がいい。常連らしきはカウンターに座るなり、「アレとアレの」指さしで注文が通る。会合なのか、ためらわず二階座敷へ上がってゆく四、五十代の男たちが皆、りゅうとした立派なスーツでさすがは銀座だ。こちらのお買物帰りらしき中高年ご夫婦も身なりよく、銀座に来たらここに寄るといった風情で、もの慣れた様子で注文している。

そう、このようになりたいのです。

「(娘に) お前の就職祝いはここだったなあ」

「そうだったわ」

「もう三年もたったのね。そろそろ結婚も考えてね」

こういう話は銀座でなくちゃ。

その後、娘を嫁がせ二人に戻った夫婦は、またこの席でおでんを食べることだろう。

神楽坂「おの寺」

季節もよくなってきた。

「ねえ、たまには二人でどこか行かない」

「そうだなあ」

夫婦ともなると用事なしには出かけなくなるが、それではいかん。夫婦だけの思い出づくり。これが大切。

「私、神楽坂って行ってみたいの」

神楽坂は今、東京でいちばん人気の町。坂道をはさんで縦横に続く石畳の小路は花街の面影を残し、灯ともし頃になれば足早にお座敷へ向かう芸者さんとすれちがう。ここは東京の京都。料亭、割烹に、最近はフランス料理の気軽なビストロやスペインバルが人気だ。

てなわけでちょいとおしゃれして神楽坂。まずは坂上の毘沙門様に手を合わせ、横丁散策。

「こんなところにしゃれたお店があるのねえ」

「焼酎バー、か」

見て歩くことが楽しく気持ちが若返る。

予約した「おの寺」は小ビル四階の小さな割烹。履物を脱ぎ、明るく清潔な店内へ。

「いらっしゃいませ、お待ちしてました」

すでに二人席がカウンターに支度されている。おしぼりを使いながら本日のコース品書きを見る。

春キャベツと蜆のおひたし／〆鯖、活〆すずき／新もずくと細切り野菜のお椀／活穴子白焼／筍、わらび、新若布の玉子とじ／帆立炙り、まぐろ酒盗／春の恵みの茶碗蒸し／瀬つき鯵の炊きこみご飯、味噌汁

「お嫌いなものはありませんか」

「ぜんぶ好きなものです」

笑って場がなごむ。これが大切。カウンターでかしこまって、ただ食べるだけじゃつまらない。笑いを交えて軽い話を愉快にできるのが社会でもまれた男の器量。そういう夫を妻は「やるわね」とみる。夫は夫で「鰺干物で炊きこみご飯ができるのね」「案外カンタンなんですよ」と、妻と店主の会話を聞きながら一杯やるのは悪くない。外に出たら夫婦の話はせず、店を楽しむことが大切だ。

白衣白帽、正装の主人は明るく、話が続いて楽しいが、料理の要になると目を懲らしプロの表情だ。神田生まれの江戸っ子で育ちはあちこち。店を持つのは神楽坂と決め、開店して三年過ぎた。シンプルなモダン和風の店内に、藤娘の押絵羽子板が目立つ。元芸者さん、今は名小料理屋の姐さんが開店早々に来てくれ、「この店は華がないわね」とくださった年代もので、着物の古典柄がいい。その方が「美人よ」と言ったとおり涼しげな超美人だ。

「おかげで色気のない店が華やかになりました」

「ははは、歳もとらないし」

妻がちらりとニラむ。さて、ほどよい流れで続く料理は魚も野菜も山口・萩の産。新もずくのお椀のしなやかな旨さ、茶碗蒸しは鯛・浅蜊・筍の春尽くし。どの料理も好きな神楽坂に店を持った爽やかな覇気を感じる。

出るときにいい話を聞いた。前回の「やす幸」は、修業独身時代の主人が奥様になる方と初デートをした店と言う。

「銀座に行きましたが金がなくて、おでんなら安いかと思って」

「ははは、いい思い出じゃない」

銀座でデートして、神楽坂で夫婦。神楽坂は夫婦の似合う街。ちょっとおしゃれして「夫婦を楽しんで」みませんか。

銀座「バードランド」

「焼鳥たべたい」

「いいよ」

「でも、煙もうもうはいや」

「だいじょうぶ」

てなわけで銀座「バードランド」へ。

数寄屋橋交差点のビルの地下。全面ガラス張りの店は中がまる見えだが、閉鎖感がないのがいい。大きなコの字カウンターに囲まれた炭火焼台が店の主役。そこに立つ和田利弘さんこそ、焼鳥屋のイメージを変えた人だ。

「こんちは、何年になった?」「二十二年です」

へー、早いな。阿佐谷時代からその名は高かったが、銀座の目抜きに移ると聞いたときはみな驚いたものだ。

「きれいなお店ね、高いのかしら。コース六〇〇〇円、これでいいわよ」

ングングング……。生ビールは焼鳥に合うように、ミニブルワリーに注文した特製だ。四点盛りのお通しと、名物のレバーパテが出て、山葵《さび》焼で焼鳥スタート。六個串刺しのレバーはちょんとつけた七味が鋭く利く。七味も関東、関西では好みが違うという。

次は皮。皮はおいしいが、脂肪制限の身としては敬遠したいところ。でもここのは充分に脂が抜けて旨みだけが残り、ぱらりと振った山椒が効果的だ。そして砂肝は、しっかり三角形の四個が外はぱりぱりに乾いて、身はジューシー。

「おいしいわ、スーパーで買ってくるのとは全然違う」

でかい声出すな、恥ずかしい。でもよくわかる。

吟味した奥久慈産軍鶏を丸ごと部位に分け、調理の意識は常に火にある。しばしば手をかざして熱を確かめ、炭をガシガシと入れ替える。木の芽山椒を貼りつけた山椒焼が出たところで妻はグラス赤ワイン、こちらは日本酒「竹鶴」の、これも焼鳥用の特注ブレンドだ。

夫婦客のキャリア政務次官のような紳士は上等なスーツ、奥様もピンクのTシャツに黒スーツと落ち着いて上品。銀座でメシだが、焼鳥あたりが手頃だろうと来たようだ。こちらの三十代らしいカップルもスーツにネクタイと落ち着き、仕事の後に会うのにレストランじゃ大げさと、ここにした感じだ。鞄を持った堅いスーツの男四人がテーブル席で立ったまま名刺交換しているのが暑苦しい。接待席にも使われるんだ。

カウンター向かいに年配紳士と同席の女性は、着る物は地味におさえながらも飾り物は派手。隠してもわかる、すごーくいい女。

「あの人、銀座のクラブの人かしら」

そうだ。女の勘は鋭い。

「このあと、店に連れてくのね」

そうだ。

「あなた、ここよく来るの？」

いや、そんな、男同士はガード下の焼鳥の方がいいんだと本当のことを言って、ぐびりと酒を飲んだが、いやどうも。

ねぎま、つくね、ソリ（腰の背側の肉）とよいペースで進み、最後の親子丼。これがいいのねと妻もご機嫌でやれやれ。デザートもとるか。

「ここはセレブを連れて来れる焼鳥ね、こんど友達と来よう」

店を出た隣は有名な超高級鮨「すきやばし次郎」だ。

「次は、あそこがいいわ」

は、はい。

代々木上原「一新」

「今日はミニ記念日、外でお食事しましょう」

へえ。聞いても答えないが、何かよいことがあったらしい。連れられて来たのは代々木上原。高級住宅地でもこのあたりはひなびた商店通りで、向かいは酒屋。入ったのは割烹にも居酒屋にも見えるさりげない和食の構え。

「ここがいいのよ」

へえ、こんな店を知っていたのか。小さな店内は上等な蕎麦屋というか、品はあるが気取りはない。仕事場然とした厨房が丸見えで、白衣白帽、調理人正装の老練な板前が一人、支度をしている。妻は気さくな感じの着物の奥さんと挨拶を交わし、なにごとか笑う。へえ。

出てくるのは「へえ」ばかりだ。

ビールをひと口。後は酒。料理は夜のコース八〇〇〇円で、注文しなくてよいからラクだ。

お通しは、藍皿に錦繍の柿の葉を敷き、〈柚子釜の柿白和え・揚げ銀杏・柿に見立てたうずら卵・ミニ常節煮〉に紅葉と銀杏に形抜いた薄い揚げさつまいもを散らした、彩り鮮やかな秋の吹き寄せ。いかにも女性好みだ。

次の小鉢は湯気を上げる〈飯蒸し〉。出汁の利いたもち米に青紫蘇を少し散らしたほんの三口がおいしい。腹がおさまり、さあ食べるぞの意欲がわく。

仕事場に岩手産松茸の箱が見えた〈土瓶蒸し〉は松茸・鱧・銀杏・結び三つ葉に、開いた海老がくるりと巻いて雀のような形になり、これは見事だ。

〈鯛・まぐろ・いかのお造り〉〈柳カレイの焼物〉〈海老芋・タラコ・オクラ・蕪の炊

き合わせ〉、辛みをきかせた酢醤油で食べる〈芝海老のしんじょう〉と、淡々と料理が進んでゆく。

「おいしいですね」

顔を上げ、ついに私の声が出た。珍しく酒よりも先に箸が進む。

さりげな居心地は、接待や酒飲み宴会よりは、落ち着いた夫婦がゆっくり和食を楽しむのに最適だ。

ここに開店して十九年。独身男客がしばらく一人で通って来て、やがて奥さんと一緒に、そして子どもと老両親も連れてくる。なるほど、一軒の店とつき合うとはこういうことか。苦笑しながら奥さんが言った。

「でも、別れちゃったご夫婦もいるんですよ」

「あらー、……そうなると片方は来れなくなるわね」

それがそうでもなく、相手に会わないようなタイミングで一人で食べに来るそうだ。

「女房とは別れても、店とは別れられないんだ」

ぼそりと呟くと妻がこちらを見た。

「あなたは、どうかしら？」

「そ、そんな」

「私は来るわよ」

女は強し。酒をぐびりとやってワタリガニに専念する。

結婚して何年になったっけ。忙しく働いているうちにこんな歳になった。夫婦の時間を持つのも大切だな。それには外での食事が一番だ。そう言えばミニ記念日と言っていたのは何だろう。

「ふふふ」

妻は笑って答えない。まさかお別れの食事ではないだろうな。もう少し妻に優しくしておかなきゃな。

夫婦二人で黙って食べるおいしい鯛茶漬け。きっと同じことを考えていたのだろう。

以上「夫婦で居酒屋へ」（季刊誌『旬がまるごと』二〇〇七年～二〇一二年）

Ⅳ 荷風な酒場をさがして

根津　ありし日の五重塔

鶯谷駅北口の大きな跨線橋に立った。車がびゅんびゅん飛ばす脇の歩道は幅狭く心もとない。晩夏の空を、鴉が西へ飛んでゆく。眼下に並走するいくつもの鉄道の一本を京浜東北線が走り抜ける。古い日本映画でこんな場面をいくつも見た。人生に、あるいは実際に行き場を失い、途方にくれる人がそこにいた。

その名「寛永寺橋」を渡り終えたたもとに宝暦十三年未年と読める小さな地蔵があった。赤かったであろうよだれかけは退色して薄桃色だ。見入る私の後ろを「あぶねえぞ!」と声を投げつけて自転車がびゅんと走り抜ける。

ここからまっすぐ行き、坂を下ると根津になる。その下りはじめる左にぽつりと立つ古い木造一軒家の居酒屋「おせん」ほど、懐かしい東京を偲ばせる居酒屋はない。「おでん」の赤ちょうちんが目印だ。まずはここでビールを飲もう。ガラリ戸を開けるとおかみさんがこちらを見た。

「悪いわね、今日は休み」。昨日おとといと谷中の祭で遅くなり臨時休業という。仕方ないが、人生はあてはずれなものさ。

そのまま坂を下り喫茶「カヤバ珈琲」を右折した。これも古い木造商家、和菓子「岡埜埜泉」に貼られた白い半紙の「生姜入り」とうたう銘菓の名前「浮草」「三日月」がいい。右手の土塀に「ありし日の五重塔」というブロンズレリーフが埋まっている。先年フィルムセンターで見た五所平之助監督の『五重塔』(昭和十九年)は、幸田露伴作の映画化で、主人公のっそり十兵衛が花柳章太郎、親方の名人大工に柳永二郎、和尚・大矢市次郎という新派の配役だった。

通りが谷中墓地に入るとどっぷりと日が暮れた。街灯の立つ暗い夜道の両側は、柵も何もなくそのまま墓地だ。人通りはなく、墓石に座る猫が何か用かと言いたげにこちらを見るばかりだ。リーリーと虫の鳴く夏の終わりの墓地はひっそりと心落ち着く。誰もいないのに人の気配を感じるのは、死者がそうさせるのだろうか。

再び通りに戻り根津に下ると、灯りのともった町に、生きる人の匂いがあった。白木の明るいなじみの居酒屋「呼友」の主人は、生粋の根津生まれ根津育ちだ。

「昔は、根津七カ町と言われたんですよ」

藍染町、宮本町、八重垣町、宮永町、弥生町、ここは片町。

「あと一つが思い出せない」とどこかに聞きに行った。聞きに行くと教える人がいるんだ。

秋を迎えて燗酒がうまい。炭火で一気に焼いた焼茄子はこの店の一番の気に入りだ。

根津は居酒屋の多い町だが昔はもっと多く、数年前閉じた居酒屋「ふくべ」は「どこにも行けない（素行が悪く入店を断られてしまう）男」のたまり場で、店を一人でやっていた白粉口紅の濃い老婆は、子供たちに怖がられながらも人気者だったそうだ。

「いま一番古い居酒屋はどこ？」

「そうですねえ、『すみれ』さんですかねえ」

そうか「すみれ」か。そこは、古い東京の家並を絵と文で著した『東京いま・むかし』（桐谷逸夫・桐谷エリザベス著／日貿出版社）の表紙に描かれ、長年私の探していた店だ。

すみれのあるあたりは居酒屋がいくつも並ぶ、表紙絵通りの懐かしい光景だ。すみれは角にあり、戸を開くとすぐカウンターだ。

「いらっしゃい」初めての私をやさしい言葉と笑顔が迎えた。お母さんと気さくな美人の娘さんの二人でやっている。客は皆常連らしく年配も若いのもいる。店は今年で三十五年。立派な扁額は二十周年に常連が贈ったものだそうで、ずらりと並ぶ名前の最後は「祭友会　宮本町、藍染町」だ。「二十五周年にオレが来たときはこれあったもんなあ」と客がつぶやく。生シラスに焼酎がうまい。帰る客に「あさっては松茸ごはんよ」と声がかかる。私はいつのまにか隣の女性二人と話し込んでいた。

すみれを出てもまだこの町の空気に浸っていたい。二軒隣のバー「NEZZ」でジントニック、そこで教わった「根津BAR」でモスコミュールとマンハッタン。荷風気どりの私は、夜の根津をふらふらとさまよい続けた。

荒木町　タンゴ「淡き光に」

津の守横丁の小さな石段を下りた。ここは四谷駅からしんみち通りを抜け、津の守坂の通りを渡ったところだ。四谷は四つの谷があるのでこの名になったという。あたりは暗く、路地は折れ、なにか因縁のあるところに下ってゆくようだ。道端の猫が起き上がり、私の先をゆっくり横切る。ぽつりと灯りをともす食堂「栄養の関所・三吉」が気になる。

左に回ると車力門通りが見えた。ああここか。人界に戻ったようだ。左手のアルゼンチンタンゴバー「DALI」のブロンズの仮面が妖しい。隣のブラジル音楽の開放的なスタンドバー「イパネマ」のレコードジャケットがセクシーだ。

そのまま通りを渡り、スナック「ダイヤ」から細い路地へ入った。料理屋「たまる」の大提灯先の「深美容子の店・赤いきゃべつ」の看板にある「私の人生（オリジナルカラオケつき）」は自分の曲なのだろうか。古いバー「よつやこくている」を右に曲がると裏道の柳新道通りになる。焼酎の店「羅無櫓《らむろ》」は山小屋風の造り。主人は明治大学山岳部で植村直巳のひとつ後輩だった山男だ。向かいの「音楽茶房・春廼舎」に「春廼舎ママ、春音のラテンコンサート、心に響け！　キューバ公演の集大成」とある。なんだか荒木町には音楽の店が多い。その先から一周して再び車力門通りに出た。

小公園の一画、金丸稲荷の石像の狐が「何をしているんだ」と言うように、鋭い目でこちらを見る。お参りせねば。

むにゃむにゃむにゃ――

小さな祠を囲む、淡い光に照らされた玉垣に寄進者名が彫り込まれている。料亭橋家、料亭丸山、芸妓屋梅政、芸妓屋竹春、花柳千鳥、割烹奈る駒、すきやき岡本、鮮魚小川盛、門松氷室、吉田畳店、四谷三業組合、角の太い一本は伊勢丹だ。ねこや樂器店は三味線、桜川延六は幇間だろうか。常磐津華三郎とあるが「赤いきゃべつ」の隣に常磐津駒太夫という表札のお宅があった。ここは四谷の昔と今がつながっている。

僧侶の店という「坊主バー」から石畳を下ると暗い住宅地に入った。街灯の下で女の子が夜中に縄跳びをしている。夜目にも赤い提灯は、池に張り出した津の守弁財天だ。小さな石の太鼓橋を渡り手を合わせて仰ぐと、高層マンションが池を囲んでそびえ立っている。あの中の一室一室に人がいるのだろう。

方向感覚を失ったまま夜の裏通りを行くと店の灯りが見えた。あれ栄養の関所・三吉だ。またここに戻ったのか。なるほど「関所」だ。

バー「ＤＡＬＩ」のドアを開けると、小さな店の数人の客も店の人も、いっせいに私を見た。よろしいですかと声をかけカウンター端に座る。

「ハイボールをください」

見慣れぬ客の私を店の全員が注視している。

「……どうしてここへ」

隣の紳士が我慢できないというように声をかけた。

「ママさんのタンゴが聴きたくて」

模範的な答に店中がホッとしたようだ。ここはママさんがタンゴを歌うと、何かの雑誌で読んだ。それならと、私のすぐ隣でママさんがキーボードに向かった。

「『牛車にゆられて』」

ママの中川美亜さんは本場ブエノスアイレスでたびたび公演している現役歌手で、

次の新宿リサイタルのチラシが置いてある。朗々としたきれいなアルトボイスの、力まない落ち着いた歌声は、アルゼンチンのパンパを悠々とゆく牛車のようだ。

「イソベさんどうぞ」と声をかけられ、なんと隣の紳士がマイクを握った。イソベさんは中川さんのタンゴ歌唱教室の生徒なのだそうだ。

「では『カミニート』」

「……小径」

私がひとり言を言うとにやりとした。ソンブレロの似合いそうな堂々たる偉丈夫が、思いを込め、哀愁たっぷりに切々と歌い上げる。

「次は私。『ア・メディア・ルス』」

ハイボールをつくってくれたカウンターの若い女性も歌う。左手で懸命に歌詞を説明しながら響く声が、若々しい。

ア・メディア・ルス（淡き光に）。

四谷の夜に淡き光があった。

東向島　濹東綺譚と里芋きぬかつぎ

永井荷風は私娼街玉ノ井に通い、昭和十二年に「濹東綺譚」を書いた。東武伊勢崎線玉ノ井駅は東向島駅と名が変わったが、駅前商店街に「玉の井いろは通り」と名が残る。

閑散としたいろは通りから宝来飯店の細い路地を左に入ると、古い石蔵、古い古いモルタル木造アパートを抜け、T字に出た左にスナック「せいこ」「プリンス」「恋心」が並ぶ。表ではなく裏通りにあるのが人目を忍ぶ気配だ。色タイル、粗仕上あげの壁、ひし形の小窓、自然石の貼つけなど、それぞれに凝った構えは昭和三十年頃のムード濃く、妖しげな郷愁を誘う。〈車ぬけられません〉と書かれた「恋心」の角に立つポールは、玉ノ井の名物看板〈抜けられます〉を連想させる。このあたりは細い路地が複雑に入り乱れ、玉ノ井ラビリンス（迷路）と呼ばれた。

その先の角にアールヌーヴォー風に優雅なカーブを描くファサードの建物が忽然と立っている。二階はバルコニーでここからお姐さん方が嬌声をかけたのだろうか。廃屋のようだが脇の満開の桜は桃色濃い。思いつきで入った路地は次々に右左、またひと回りするように折れ曲がって方向感覚を消し、ついには行き止まり、立ちすくんだ。

ようやく商店街に帰った。「玩具スドウ」の細く高い三角屋根の、ドイツゴシック風の尖塔が目を引く。三角破風に青い豆タイルで曲面を作った出窓が美しい。その先、こちらはルネッサンス風というのか、西洋の城のようにがっしりと石を組み上げた「スミノ近江屋」も雄大だが、建築表示が出され、この建物を見ておくなら今のうちだろう。筋向かいの、これも人造石テラゾー洋館の酒屋「酒喜屋」は健在だ。味わい深い往時の商店のモダニズム建築にしばし足が止まった。

いろは通りが終わるところはなんと六差路だ。めったにこのあたりの道は直交せず、三差路、五差路が続き迷路感を深める。小さな一軒家商店の古い看板「倉持帽子店」の赤いシルクハットの絵がチャーミングだ。ガラス窓ごしに帽子がいっぱい見え、海釣帽、町会帽、注文帽、ゴルフ帽、保安帽、へら鮒帽と黄色いビラがずらりと下がる。隣の足袋・手袋「かづさや商店」の古看板もいい。一方の道の「大衆酒場河内」「大衆酒場亀屋」と並ぶのれんが誘惑的だ。

水戸街道をまっすぐ進むと次第に道はのぼり四ツ木橋に出た。広大な荒川にかかる長大な橋の広い空は圧倒的な解放感がわいてくる。橋詰の石造りアールデコ装飾の大きな親柱は、何もない荒涼たる土手にいささか場違いに風にさらされる。昭和二十七年七月架橋。それまでは木橋だった。犬を連れたジャージの男が行くほかに夕方の河川敷に人はなく、茫々と群生するヨシの向こうを川が流れてゆく。荷風はこの茫漠たる風景を好んだというが、人の吹きだまる私娼街玉ノ井を抜け出た先の彼岸と感じたのだろうか。麻布に住んだ荷風は、晩年この川を越えた市川で生涯を閉じた。

〽夕焼け小焼けで日が暮れて――

どこからか四時半を告げるメロディが聞こえてきた。

水戸街道を戻り、四ツ木橋南交差点角の「丸好酒場」に入る前に外の小便所で用をたした。戸を開けるとすぐそこに朝顔があり、使用中は立ち小便の格好で、終えると戸を閉める、ここの隠れ名物だ。

小さな三角形店内の直角二辺カウンターにもう客がいる。名物は元祖レバ刺と自家製炭酸水の酎ハイだが、炭酸製造機がこわれ、もう修理する職人がいないのだそうだ。酎ハイを注文すると炭酸ニホンシトロンの空瓶を一本置き、お代わりするともう一本。これで勘定を数える。

ツイー……。

酎ハイは下町で飲むとほんとにうまい。ぐつぐつ煮える鉄鍋からすくったモツ煮込みは刻み葱をのせ、甕《かめ》のタレをかけまわして出る。ニンニク、玉葱、ゴマなどいろいろの入る秘伝タレはレバ刺にも大活躍だ。薄い味噌味の煮込みはやわらかくおいしい。

茹で上がった里芋きぬかつぎが湯気を上げる。「それちょうだい」夫婦者らしきが指さし「熱っついよ」とおかみさんに言われ差し出された。

「それ、僕も」今の客が私を見てにやりと笑い、私もうなずく。「熱っついよ」私も言われ、熱々をしばし指で転がして皮を剝き、ちょこんと塩をつけ口に放り込んだ。

「ハフ、ハフ、あぐい、うまい、熱い」

「はははは」店から笑いがこぼれた。

浅草　岩下志麻のブロマイド

戦災で麻布の家「偏奇館」を焼かれた永井荷風は、戦後千葉県市川に住み着き、毎日浅草に通うようになった。雷門通りの蕎麦屋「尾張屋」に、きっかり正午五分過ぎに現れ、同じ席に座り、毎日「かしわ南蛮」を食べた。

「浅草寺御用」の扁額が上がる尾張屋本店には、そばを食べる荷風の写真が飾られる。黒塗り角盆のかしわ南蛮は当時八五円、今、八五〇円。たっぷりの鳥肉に長ねぎが散り、おだやかな味でたいへんおいしい。荷風はおつゆも残さなかったという。

尾張屋脇の公園通りは、江戸料理「多佳藤」、割烹「浜可津」、うなぎ・寿司「大長」、あんこう・すっぽん「田佐久」、食品「つ萬亀」、季節料理「彦三」など、江戸っぽい名の料理屋が続き、古き浅草の風情だ。小さな「無事富稲荷」は榊も青々、しめ縄もま新しくコップ酒が二つ置かれ、大切にされているのがわかる。古い玉垣の寄進名に尾張屋、田佐久もある。

公園通りの先の、演歌歌手のポスターをいっぱいに貼り回した「宮田レコード」の三方の壁は天井まで演歌、歌謡曲のCD、カセットで埋め尽くされ壮観だ。歌謡曲好きの私はつぶさに見ていった。「日活映画スター大集合」二枚組は裕次郎、旭、小百合はもちろん、宍戸錠、川地民夫、津川雅彦、松原智恵子、高橋英樹に、ペギー葉山・芦川いづみ・浅丘ルリ子の「三人姉妹マンボ」も入るレアもの。「ちあきなおみ／瓦礫の中から」は「カスバの女」「どうせ拾った恋だもの」など戦後歌謡の名曲集。二枚をゲットして話を聞くと、開店しておよそ九十年。日本でレコード生産を開始した最初期からで、レコード店としてはかなり古い方でしょうという。今は三代目。初めは純邦楽だったというのもお稽古事の盛んな町柄らしい。

新仲見世は人が多い。浅草はずいぶん賑わいが戻ってきたようだ。掲示板の「昔らしさの新しさ。近代仲見世一二〇年」というポスターのとおり、今は古いものが新しい。

日本唯一のプロマイド店「マルベル堂」の、狭い間口一面に貼り並べた白黒プロマイド写真の前で足がピタリと止まった。高峰三枝子、雪村いづみ、司葉子などなどに、朝丘雪路のセーラー服は色っぽすぎる。男優佐田啓二、森雅之あたりの二枚目は当然として、若き日のやせた渥美清、丹波哲郎、岡田真澄に仲代達矢もプロマイドがあるとは知らなかった。タイツ姿の雄姿・力道山、ジャイアント馬場、映画「からっ風野郎」に主演したときの皮ジャンのチンピラ三島由紀夫まである。これは何か買いたい。地下に入り探したのは岩下志麻。私の美人女優は若き日の清楚な彼女より他はない。しかし五十枚近くも色んなカットがあり、これにするか、いやこっちがいいか、好きな女の写真はすべてよく、とても選べない。悩みに悩み八枚も買ってしまった。

歌謡曲とプロマイドは昭和往年の二大人気グッズ。収穫収穫、さあ酒だ。浅草神社境内で人を集めている猿回し芸を横目に、観音裏に向かった。

雷門界隈が門前の賑わいなら、観音裏は奥座敷。料亭の並ぶかつての三業地だ。居酒屋「壱」に入り、まずはビール。卵焼、穴子煮こごり、つぶ貝煮、エシャロット、酢の物の、ひと口五点盛りお通しがいかにも江戸前だ。店名・壱が「いち」でなく「アン」とフランス語読みなのは、主人が十年やったフランス料理を忘れないためという。確かに「アスパラとあさりガーリック」の、緑と白の切り口あざやかなアスパラ、肌色のアサリ、黄色と赤のトマトを印象派の絵のように散らした美しい盛りつけはフランス料理のセンスだ。フランスびいきの荷風がここに来たら喜んだだろう。

主人は生粋の浅草生まれ、浅草育ち。浅草の華・三社祭は子供のときから神輿を担いでいたが、今はあまりにも外の人間が仕切るようになり残念だと言う。その心情はわかるような気がする。大勢さんが来て主人は忙しくなり、私はプロマイドを取りだした。お志麻……。おまえはなんてきれいなんだ。この世に美というものがあるならば……。

浅草観音裏の居酒屋に、写真を相手に酔ってゆく男が一人いた。

神楽坂　新開店のビアバーを訪ねて

紅灯の巷、神楽坂。坂道をはさむいくつもの小路が酔郷への期待をかきたてる。坂上に登り始めた最初の右が神楽小路。車の入れない幅に居酒屋、バーが密度濃く連なる中ほどの右、スナック「まりも」とバー「サボイ」の間に「みちくさ横丁」の小さなアーケードが立つ。先は行き止まりだ。どんづまりの「コーナーポケット」からジャズが聞こえてくる。その向かいの、玄関が半分開いている小さな居酒屋「土筆」に入った。

「いいですか」

「えと、六時からですが、どうぞ」

年配夫婦が支度中だ。ビールを頼み開店を待つ。小さなカウンターと奥に小上がり。昔の普通の居酒屋の年代を経た艶がいい。土筆の置物の横に登山姿の写真がある。

「日光ですか」「いえ、尾瀬です」

ああ、そう言おうと思ったんだ。鶏手羽と大根の煮物がやわらかい。

「ふろふき大根、おいしいですね」

「え、ま、手羽大根ですが」

婆さんがうれしそうに答える。玄関戸は下だけが素通しガラスで、すぐそこに道行く人の足が見え、一人が止まって戸を開け「お待ち」と氷を運び入れた。「まいどー」砂糖と料理酒を届けて来たのは今どき珍しい御用聞きだ。小路の脇で飲んでいると昔の飲み屋街にいるようだ。梅干しで煮た青魚がおいしい。

「これはイワシですか」

「いえ、サンマです」

畳んだ豆絞り手拭を頭に巻いた主人が答える。サンマの梅干煮は珍しく、また質問がずれてしまった。でも気持ちは通じているようだ。袋小路に小さく古風な居酒屋を見つけた。

次は小栗横丁の「トキオカ」へ。黒豆砂利洗い出しの床に寿司つけ台の、昔の小さな寿司屋をそのままワインバーにしたアンバランスが独特の通めいた居心地をつくる。ここはなじみだ。白ワインを一杯。小さく流れるフィドル（バイオリン）とコーラスの古いカントリー音楽は一九二十年代のものという。

「二十年代なら、エジソンからまだ間もないね」「そうなんです」

エジソンが発明した蠟管蓄音機で録音した、その名もエジソンレコードの復刻だそうで、開拓期の素朴なアメリカの空気を感じる。古い寿司屋でワインと古いカントリー音楽。神楽坂はおもしろいところだ。

「太田さん、神楽坂に最近、ビターっていい店ができたんです」

「そこに今から行くんだよ」

「あ、さすがご存じ」

さすがでもないが「ビター」は神楽坂はずれのベルギービール「ブラッセルズ」の店長をしていたSさんが最近始めたビアバーで、今夜訪ねるつもりでいた。

神楽坂でもいちばん華やかな本多横丁を少し行った右の目立たぬビル二階。

「こんちは」

「あらー、いらっしゃいませ」

いつものはにかむようなほほ笑みだ。スタンディングコーナーとカウンター一本の暗めの店内は、客の居心地、自分の居心地のどちらも大切にしたそうで、素朴とセンスがほどよく入り交じる。

「六十年代のスナックみたいだね」

「初めから古くさいムードにしようと思ったんです」

それはいい。開店一か月なのに、ほんとに昔から神楽坂にあった店のようだ。バックバーの木棚に凝り、金タワシで荒《すさ》びをかけ、またワックスをぬり、また磨いたそうだ。ビアグラスを上げた。

「開店おめでとう」

「ありがとうございます」

律義にぺこりと頭を下げる。外人男二人客が昔からの常連のように店になじんでいる。ケーリー・グラントのようなダンディな中年紳士一人客は、Sさんがお目当てのようだ。

修業した「ブラッセルズ」には十一年勤め、新しくオープンする銀座店の店長をすすめられ悩んだが、自分はやはり神楽坂のお客が好きと気づいて思い切ったそうだ。白Tシャツ、ルーズなジーパン、化粧気のない支度に、フリーになった喜びがあふれている。

「売り上げはこれからですが、毎日ここに居るのが楽しくて」

はにかむ笑顔がいっそうはじける。朝七時までここにいるが、深夜二時をすぎると近所の同業の人が、自分の店を閉めて続々とここに来るそうだ。それは神楽坂に迎えられた証拠だ。私も神楽坂にまた一軒なじみができた。

新橋　男と男が出会う町

東京一の居酒屋地帯、新橋。すぐ隣は日本一高級な銀座でありながら、新橋駅前広場から広がる一帯は行けども行けども気楽な居酒屋また居酒屋。新橋こそは自腹で飲むサラリーマンの天国だ。

まずはどこかに入ってみよう。今、新橋を活気づけているのは立ち飲みだ。もともと道路に置いたビールケースを机代わりに焼きトンで一杯は、新橋らしい光景だったが、ここ一、二年の立ち飲みブームで新しい店がたいへん増え、中年のみならず若い客を集めている。

　立ち飲み「龍馬」は開店十分後にほぼ満員。一人の私はカウンターと柱のせまい間という絶好の場所を得た。柱に背をあずけて飲める。

　前には焼酎一升瓶およそ七十種が一本ずつ区切る棚に整然と並ぶ。焼酎もいいが、名物「マグロの脳天刺身」は日本酒燗酒でゆきたい。品書に「開運純米吟醸」がある。某日ある雑誌の企画「東西燗酒番付」で堂々東の横綱に選んだ名酒だ。今や立ち飲みといえば安酒、ではなくなったようだ。それが一杯五百円は安い！

「燗する時間がかかりますが、いいですか」

　これが店員が初めて発した言葉。立ち飲みに余計な会話は要らない。ツイー。

　なめらかに脂ののったマグロ脳天刺身に開運の燗はまさにぜいたく、殿様の酒だ。徳利はマニア垂涎の月桂冠の磁器だ。若い主人は坂本龍馬を師と仰ぐのか、カウンターには例の懐に手を入れた銅像が、正面上には大小差料が刀掛に鎮座する。

　ここは初めにざるに適当に金を入れ、品が出るたびにそこから代金を引くという大明朗会計だ。私は千円札を二枚入れ、まだ一枚残るのが心強い。隣に立つ男二人は一緒のざるに千円ずつ入れスタートした。もう一品、セロリ漬物はたいへんおいしく量もあり、「開運」も二本めをとり、最後にざるに百五十円が残った。

「これはおつりということだよね」

「はい、ありがとうございました」

わかっているけど得したような気分。新しい立ち飲み店はちゃんとした酒と肴、店は清潔、ほどよい事務的な応対でまことに居心地よし。また来るぞ。

うーい。表通りも裏路地も、サラリーマン不景気時代の開き直りのように新橋は繁盛している。店はどこも魅力があり安心して入れそうだ。昔飲み友達と「極力新橋で飲む会」略称「極新会」を作ったことがあったが再開しようか。

ぶらぶら行くと、おお「均一軒」が紺の暖簾を出している。入ったのはおよそ十年前だったがこの店健在だったたか。

極小コの字カウンターに大将が立つ小さな店内は何も変わっていない。飲み物は日本酒とビールのみ。酒は大徳利に温めてある燗酒を、受け皿つきガラスコップにあふれさす。銘柄だの大吟醸だの面倒くさいものはなく「酒」と言えば酒を注ぐ、ただそれだけが潔い。

名物は「あじのタタキ」だ。注文するとすぐさま三枚おろしの鯵を重ね、荒く切り、味噌と白胡麻、山のような刻み葱をのせ、それからが見ものだ。柳刃と出刃、二本の包丁を、両手でトトントントン、トトントントンとリズムにのせ、刃と峰を使い分けて叩き、からめ、返し、形を整え、瞬く間にでき上がり。流れるような二刀流包丁さばきも、ひんやりねっとりした味も健在だ。

がらりと開けて入ってきた客と目が合い、よく見ると大学の一年先輩だ。向こうも「太田君、だよね」と合点している。およそ四十年ぶりの出会いに「妙なところで会ったな」と苦笑する。

そうなのだ。互いに功成り名遂げ、銀座の一流店で出会ったのではなく、新橋の古い小さな居酒屋で出会うところに人生の味がある。「妙なところ」にいささかの自嘲が感じられるが、それよりもうれしさが勝っているのがよくわかる。男同士の出会いはこうでなければいけない。

先輩はアポロキャップにジャンパーのラフな姿から今の境遇が少し見える。そういう私も同じだ。相変わらず下手なシャレを繰り出し、その下手さ加減がいい。

居酒屋パラダイス新橋は、男と男が出会う町だった。

新宿　「どん底」からゴールデン街へ

今夜は飲むぞー、の気分で新宿へ。新宿はおいらの町。若き日、長野から上京して初めて親しんだ東京の町が新宿だ。

疾風怒濤の昭和四十年代新宿にはアンダーグラウンド文化が花開き、シンナーを手にした長髪フーテン族が東口の通称グリーンハウスにたむろしていた。おいらは東口を出たすぐ角のワシントン靴店（当時）でアルバイトしていた。

巨大な盛り場新宿には渋く小さな居酒屋は似合わない。新宿は大きな店で気の合う仲間とわいわい飲む町だが、私もいい歳になり最近はもっぱら一人酒。靖国通りをはさんだ伊勢丹向かい側のビル地下「大分郷土料理とど」は大勢も入れ、一人カウンターも居心地がいい。

「こんちは」

「おや、久しぶり」

新宿に開店してかれこれ三十年、貫録の出てきたママさんは、親身な人柄で絶大な信用がある。私の注文定番は焼酎お湯割りと、新鮮な刺身を醤油たれに浸け、白ゴマ、浅葱をたっぷり振った大分の郷土料理「琉球」。ここの魚は関鯖で上等だ。地元ではすり鉢にたっぷり作り、熱いご飯にのせてもりもり食べるという。

私は気候穏やかで食べ物のおいしい大分が大好きだ。少し前、別府・鉄輪温泉の石の蒸し風呂に入った話をすると、子供の頃あのあたりでよく遊んだわよー、とうれしそうだ。新宿は私のような上京者の町でもある。出身長野と大分が新宿で仲よくなった。

次は、寄席末広亭近くの「どん底」だ。新宿で「どん底」を知らなかったらもぐりだ。昭和二十六年、広島から上京した青年は舞台芸術学院に通いながら、芝居では食えないと、演劇仲間とバラック手作りの居酒屋をはじめ、端役で出演したゴーリキーの名作戯曲から「どん底」と名づけた。焼け跡の残る新宿に産声を上げた店は演劇、文学、音楽など、芸術と自由な気風を愛する人々の格好のたまり場になり、飲んでは歌い、やがて歌声酒場の走りとなった。三島由紀夫はその雰囲気をたたえ、金子光晴は名物「ドンカク（どん底カクテル）」に寄せ「ドンカクの唄」を作った。つたのからまる三階建てどん底こそ新宿不夜城の名がふさわしい。私はどん底のどん底、地下のカウンターへ。

「ドンカク」

「はい」

どのフロアにもきびきびと働く若者がいる。彼らも上京組だろう。上京して居酒屋で働き、やがて独立して自分の城をもつ。近くの「山小舎」「バオバブ」もそうだと彼が言う。店で売っている『「どん底」五〇年の歩み』に文を寄せている太田篤也さんもここを独立後、やはりすぐ近くに「池林房」を開店、新宿に何軒も店をもつに至った。おいらとはもう二十年来のつきあいだ。長野と北海道が新宿で友達になった。

太い丸太柱に白壁、低い天井の店内は、吹き抜け、中二階、回り階段が迷路のように入り組み、まさに演劇的。映画やテレビのロケに今も重宝されるという。女性二人が資料を間に何か打ち合わせしながら、ぐいぐいとドンカクを飲んでいるのも新宿らしい光景だ。

さあて新宿三軒目となればゴールデン街しかない。再び伊勢丹から靖国通りを渡り蛇行する小路を抜けると、夜目にも赤く妖しい新宿の総鎮守「花園神社」に至る。夜ここで何度も唐十郎のテント芝居を見た。こんな時間に手を合わせる男女が幾組もいる。私も軽く手を合わせ、脇からゴールデン街の黄金色のアーチへ。

ゴールデン街こそ、その名も高い日本一の飲み屋街。一階二階に密集する小さなバーは血気盛んな文学や映画関係者の議論と喧嘩のたまり場だったのはあまりにも有名だ。おいらの行きつけはコメディアンにして日本冒険小説協会会長・内藤陳さんの「深夜＋1（プラスワン）」、通称「深プラ」だ。

「こんちは」

「おう、いらっしゃい」

せまいカウンターをやりくりして私の席ができ、いつの間にか誰かの差し入れの焼鳥の串がまわってくる。

「ソーダ割りください」

「オッケイ！」

さあ、新宿の夜はまだ宵の口……。

阿佐谷　中古レコードとほうぼう刺身

魅惑の町、阿佐谷。おいらには映画とレコードと居酒屋の町だ。

映画は古い日本映画専門のラピュタ阿佐ケ谷。今は名作『浮雲』から『温泉みみず芸者』まで硬軟おりまぜた「映画×温泉　湯けむり日本映画紀行」なる、ナイスな特集だ。

今日の『いで湯の姉妹』（五十六年）は四十七分の小編。山中温泉の芸者の姉と手伝いの妹は、芸大帰りの陶芸家にともに好意を寄せ、最後は妹の島倉千代子が東京へ歌の勉強に出てゆく。期待の姉妹入浴シーンはなし。

デビュー間もない島倉千代子の可憐な歌声を耳に、中央線高架下の中古レコード「RARE」へ。真空管アンプに換えてから古レコード店巡りが趣味になった。探すのはもっぱら五十年代の女性ジャズボーカル。

なじみの棚に、おお、あるある。大好きなベバリー・ケニーをレコードでも聴いてみたい。テディ・キング、フラン・ウォーレン、ケリー・スミスと合わせて四枚をゲット。次は南口パールロードの「サン・サン・レコード」。倉庫のような店内から、ジャズ演奏を四枚。収穫収穫。

さあて居酒屋。北口高架に沿うスターロードは居酒屋の宝庫だ。季節一品料理「風流《かざる》」、お酒お食事「むつ乃家」、板前料理「蘆葦家《ろいや》」、全国地酒「知由宇寸計《ちゆうすけ》」、酒処「よいしょ」、家庭料理「ままごと」等々、どこも入ってみたい。松田優作もよく来た「河清」は東京の焼酎居酒屋の草分け。向かいの新開店間もない「燗酒屋」は白割烹着の若女将が魅力。そのすべてを通り過ぎた果ての、看板のない長暖簾「可わら」がおいらの行きつけだ。

「こんちは」

「お、いらっしゃい。映画？」

その通り。ラピュタで映画の帰りはここのカウンターだ。古い店内は本物の三和土の土間。夏の今日はまだ外光が入り土蔵にいるようだ。冷や酒にほうぼうの刺身がうまい。名酒と肴数品。あまりあれこれはないが、脱サラの主人はマイペースで店を楽しんでいる。

「映画はだれの？」

「島倉千代子」

「ほほう、いいねえ」

うーい。次は南口中杉通り、自然食の鶏野菜と名酒「志の蔵」だ。ここに来るのは二度目。酒は「弁天娘」が珍しい。

ツイー。

「小町娘、まだじゃじゃ馬だな」

「ははー」

清潔な鶏胸肉塩焼きに合う。次は久しぶりに「旭菊」にしてみるか。

ツイー。

これはうまい。無農薬山田錦の純米・大地の酒は、「旭菊」らしいやわらかさと豊かさに満ち最高だ。

「女性はこうでなくちゃ」

「ははー」

ケムに巻いて外へ出るといささか酔い、道端に腰をおろしひと休み。

中杉通りは欅が高く葉を繁らせ、暗めの街灯が気持ちを落ち着ける。駅からの帰り道、小さな花束を手にした若い女性は一人暮らしなのか、誰か待つのか。自転車でぶらぶら若い男が行く。若い男女はサンダルばき。夏の夜の生活感がいい。

さてスターロードに戻り「善知鳥」の縄のれんをくぐる。開店七時と遅いここは、珍味で酒をじっくり愉しむ酒亭だ。頭に手拭巻きの若い主人は、燗酒の名手として知られる。

「でしょう?」

「やめてくださいよ」

目の前で手を振り笑うが、燗をつけはじめると一転、厳しい目にかわる。初めての酒「綾花」の燗を待つことしばし。

「できました」

ツイー。

「これはいい。どこの酒？」

「旭菊さんです」

なんとここでも旭菊。今夜は冷やと燗を飲んだことになった。

さて仕上げといくか。北口駅前の気にしていた店「よるのひるね」に入ると、古机に雑然と本の重なる昭和レトロのバー。古い古いアメリカ音楽が流れ、いろんな電灯笠が懐かしい。

シークワーサーのジントニックを口に、何気なく手にした『キネマの文学誌』（斎藤慎爾編／深夜叢書社）は文学者の映画批評を集大成した本で知らなかった。買わなくちゃ。

映画にレコードに本に。阿佐谷の夜は奥が深かった。

人形町　夜の裏小路で子どもが自転車練習

人形町は江戸時代に中村座と市村座のあった芝居町。そして遊廓のあった花街。おいらにとっては居酒屋のある町。およそ二十年も前、「笹新」を初めて訪ねてから、なん度も来ているが、昔をたどってみよう。

ぽっちゃりした日本髪の女優・花柳小菊が住んでいたことから小菊通りと名のつく裏小路のとば口は「きく家」。むかし初めて入った頃は気軽なカウンター居酒屋だったが、今や通人ひいきの名料亭だ。人形町の粋を復活させたと評判の、竹や漆を駆使した主人入魂の建物を明るい昼に改めて眺める。ちょうど玄関が開き、おかみさんが出てきた。まだ開店前の平服だ。

「こんちは」

「あら、太田さん」

普段の姿で会うと互いにてれくさい。隣にできた「いわ瀬」はきく家そっくりだが、おかみさんは「小菊通りがきれいになるんならいいんじゃないかしら」と鷹揚だ。その隣が料亭「香月」、「きく家はなれ」、「焼鳥若大将」、「よし梅芳町亭」は花柳小菊の住んでいた家、最後が名前にひかれて一度入った寿司「太田」。小菊通りは東京随一の名裏小路になった。

抜けた正面はたいへん立派な日本橋小学校だ。小学校の名前では日本最強かもしれない。探しているのは、設計・渡辺節、昭和四年のギリシャ疑古典風大建築「東京穀物商品取引所」で、初めて来たとき、町外れにこんな立派な建物がひっそりとあることに驚いた。見つかったが、コリント式列柱ファサードのみ残した現代ビルになっていた。

そのかわりでもないが近くに愛すべき二階建てが並んでいた。旅館「鴻生館」は水平垂直の柱が神棚を思わせ、隣の米穀店は緑青化した立派な銅張り。どちらも町家の自負が感じられ、顔がほころぶ。

さてそろそろ甘酒横丁の「笹新」に行かねば。小さなここは今や常時満員が常識。ある日、時間帯を変えて三度立ち回ったが入れなかったことがあった。五時にのれんが出て、すぐ入る客が五人。しめしめ一番好きなカウンター角に座れた。

ビールを頼み、まずは目の前にいくつも並ぶ大皿だ。ナスと白コンニャクの煮物はネギのとろ味でたいへんおいしい。人気のトコブシ煮は、がらがらと小皿に取り、小出刃で身と殻を切り分けて出す。できたてのポテトサラダを注文すると「オレも」「こっちも」と声がかかる。ポテサラは男客に連鎖反応をおこす。

女性二人連れ、男二人に、若いの、中年、老年と夫婦客が多く、皆もの馴れて小声で話し、居酒屋の喧騒はない。働く男二人・女一人も黙々と仕事に専念し、ときおり聞こえるのは注文とその返事のみ。これが日常酒場の光景だ。懐かしき魚肉ソーセージ入りのポテサラはツンと玉葱が効きおいしい。黙っていても互いに満足しているのがよくわかる老夫婦に、人生晩年の虚飾なき平穏を見たような気がした。

まだ時間は早く、裏通りをうろうろ。赤青ねじりん棒に床も壁もタイルのタムラ理容館は、五台の椅子も木枠の鏡も昔の床屋だ。そろそろ店仕舞いか、洗ったタオルを道で干している。夜道に灯のともるのは元葭原総鎮守・末廣神社。葭町遊廓が明暦の大火で浅草裏に移され、新葭原、そして吉原となった。葭原の字がここに残っていた。

暗い通りに、軒下の灯も華やかにそびえ立つ立派な風格の瓦葺き総二階は、大正十二年創業、建物昭和二十七年の人形町の名店「㐂寿司」だ。一度入りたいと思っていた。値段はわからんがまあ成り行きだ。

黒塗のつけ台、白木のカウンター、天井高い往年の古風な寿司屋の雰囲気がいい。酒の入った男女中年客が親方相手に楽しそうだ。一人客のおいらは酒を一本とり、こはだ、あじ、小だい、煮いか、穴子、干瓢巻で、〆て六千円弱。お味はたいへん結構でした。

夜八時を回ると裏通りからは人影が消え、この時間を待っていたように、小学一年生くらいの女の子がピンクの新品自転車の練習だ。初めは小さく回っていたが、意を決して夜道へこぎ出し、若いお母さんが歩いてついてゆく。人が住む町の夜の風情が懐かしかった。

池袋　三つの横丁に人世が交錯

池袋の荷風な酒場だったら、美久仁小路、人世横丁、栄町通りに尽きる。東京の戦後を伝える飲み屋小路は、門前仲町の辰巳新道、立石の呑んべ横丁、新宿ゴールデン街、王子のさくら新道などを残すばかりだが、池袋の三横丁は濃厚に往時の雰囲気がある。

最も古い美久仁小路は、中国、韓国の人の店が多いため「三国小路」と呼ばれていたのを昭和二十四年に改名したといわれる。大通りから狭い小路に入ると軒を接して木造二階が続き、昔の空気に一変する。このタイムスリップが横丁の最大の魅力だ。入口近くの行灯看板「清酒新婚　姉妹や　和」は、檜皮の庇に瓢箪柄の小さな紺暖簾、ガラリ戸の玄関。脇の小庇《こひさし》つき門灯には筆字で「和子」。左右の円窓にヤツデの植え込みが緑を添え、あたりではいちばん昔の風情のままの建物だ。

中は小さなカウンターと、物置と化した四畳半。限りなく雑然とした店内に、割烹着のおかみ相手に年とった女性二人と男が飲んでいる。品書きらしいものはなくビールを頼み、成り行きまかせにした。やがて山芋千切りの小鉢が出た。

あの人も死んだ、この人も死んだの大声が途切れず、酒を飲んだ老人の話は長い。聞き耳を立てるのを止め、おかみと話した。おかみは十五歳で蒲田で働きはじめ、この「姉妹や」に来て五十年。途中で姉妹から引き継ぎ、名前が和子なので「姉妹や和」という名にした。昔は二階の座敷も使い六人も働いていたそうだ。昭和二十五年頃はクリスマスは大騒ぎで、「あれは戦争の憂さ晴らしだった」に実感がこもる。この小路にはまだ戦後の記憶がある。

人世横丁に立ち並ぶ様々な古い家は映画セットような迫力で圧巻だ。通りすがりの人がこわごわとのぞいて行く。小路は途中でY字に分かれ、その先で左右につながり、囲まれた三角地も店だ。四十年前、表にあった、まだ土間の映画館「人世坐」によく通ったが、裏の横丁は通り抜けたことだけあったか。一軒入ってみよう。居酒屋「元禄」は小さい店で、壁に寄せたせまい腰かけ小上がりで婆さんがテレビを見ていた。

「何にする」

「酒」

「菊正だよ」

新しい一升瓶を開けようとビールの栓抜きを取り出し、とんちんかんな顔をしているので、金属キャップを剝き、栓を抜いてやる。徳利が出て婆さんにも一杯注いだ。

八十歳は超えて見えるが健康そうだ。

「みんな死んだがあたしゃ元気だよ、ここで六十年、一番古いよ」

向島・小梅小学校の第一期で、東京で初めてできた三階建て校舎が自慢だった。このあたりは昔は流しが七組もいて次々に店をまわり、流行歌はアコ（アコーデオン）とギター、新内流し、尺八と歌の父娘、浪花節語りもいたそうだ。

「北島三郎は本名は大野、みんなダイちゃんと呼んでたよ」

ダイちゃんとは渋谷あたりでよく飲んだ。常連に検察庁の人がいて、機嫌がよくなるとお盆を持ち「カッパからげて三度笠……」と道中ものを歌った。奥さんもよく連れてきて、店仕舞いすると、その人、奥さん、流し、自分の四人で東口の田中春男のやっている中華料理屋にいつも繰り込んだ。その店の開店のとき田中春男は先頭に立ってビラを配っていたという。戦後映画の数々の名作で、主演を食うと言われた名優が懐かしい。いい話をたくさん聞き、チップと一緒にお元気でと手を握らせていただく。

「あそこはおいしいよ」と婆さんに案内してもらった栄町通りの焼鳥「風林火山」は、四年前まで隣にあった小路・ひかり町通りから越してきた。店は清潔で、ガラス戸から見る夜の飲み屋小路の風情がいい。今来た若いカップルの女性が「ここは一本ずつ頼めるし、すごくおいしいの」と、彼と額を寄せ品定めしている。店のアルバイト女性は菓子職人をめざして専門学校に通い、結婚式場に就職が決まったそうだ。「最初は皿洗いです」と笑う。

小路には六十年の人も、これからをめざす若い人もいた。三つの横丁の三つの店に入り、この横丁から離れられなくなっていた。

早稲田　夕暮れの都電ではしご酒

夕暮れに乗る都電が好きだ。がたんごとんと揺れる電車から、遠くの夕焼け空や、青みを帯びた町並みに灯りはじめたネオンを眺める。

早稲田駅「前のり後おり　160円」。到着した電車の運転手が、運転ハンドルと座布団をもって反対側運転席に移動して出発。がたんごとん。軽く左右に揺れながら、進む先にレールが見える安心感がいい。

家路につく子供、女学生、お母さん。かばんを提げたサラリーマンは堅実な人だろう。座席の老人がじっと窓外を見ている。みな無言だ。

目を転じ車内の広告へ。「町屋駅前3分　どぜうとなまずとくじらの店どじょっこ」は入ったことがある。

「宮ノ前駅　燃える酒鍋・どん平ニユータッチとんかつ　ふっくらやわらか」とは、豚かつを酒鍋で煮るのだろうか。

大塚駅前でおり、東京一の名居酒屋「江戸一」の暖簾をくぐる。カウンターは満員に見えたが、当方一人の合図に指を一本立てると、おかみが黙って空いていた一席を指さした。座ると自然に出てくる「鶴の友」。おいらの酒を知っていてくれる。肴はそうさな「〆鯵」といこう。

ツイー……。

ふうい。春はやっぱりぬる燗だなあ。〆鯵もうまいや。

おかみはすぐに挨拶しない。しばらく経って、おもむろにひと声かけてくれる。

「久しぶりね」

ここでは終わった徳利や皿を下げず、最後に数えながら算盤でしゃっと勘定をする。五玉の算盤は角が丸くなった年代物だ。向かいの二人は徳利を六本並べ、そろそろご帰還だろう。昔、おいらの女友達は二人で八本並べ「あんた、もうお帰んなさい」とおかみに言われていた。こちらは二本目、肴は「しゃこ」。春先のしゃこは若くてうまいんだ。

うーい。二本でやめて再び大塚駅前から乗車。三ノ輪橋方向に進んで庚申塚駅で降りる。降りたすぐ目の前がホームにある居酒屋「御代家」だ。

「こんちは」

「あ、いらっしゃい」

ここもなじみだ。中学校の同級生同士が結婚してもった店というのがいい。お子さんが育ちはじめて奥様はそちらに専念。今はアルバイトの若い娘が入った。ビールを一杯。ここは電車ホームにあるという場所の面白さだけではない実力店で焼鳥は最高だ。ウーンとうなり、「ねぎま・ハツ・つくね」を一本ずつ。野菜もとらなくちゃと「新玉葱とトマトのサラダ」をつけた。

入口すぐのカウンターに半身に腰を据えると目の前はホームだ。チンチンと音をさせて電車が入ってきて、数人が降り、「トゥルー」と警笛を鳴らして発車するとまた静寂がもどる。普通の駅の絶叫するアナウンスや、ゴーッと突入する電車がいかに暴力的かを知る。

焼酎も飲んで「御代家」を出て、向かい側のホームへ。夜の停車場に女学生が二人、なにか話しながら電車を待っているのがいい。夜の踏み切りを歩いて渡る人がいる。人の世の営みが見える。暗い遠くから灯りをいっぱいに点けて、一両の電車がゆらゆらとやってきた。

終点の早稲田駅で、ぞろぞろと全員が降りた。振り仰ぐと春の満月。春宵一刻値千金。近くの初めて入る居酒屋「太郎月」へ。

居抜きではじめて三年めとかで初々しい雰囲気だ。巨漢のマスターは白Tシャツに野武士然とした顎髭。小柄の奥さんは縞の着物が仇な、竹久夢二ふう美人だ。日本酒の揃いがよく、またもウーンとうなり、まずは長野の「佐久の花」のお燗。磁器の極小盃がいい。肴はそうさ「白和え枝豆」にしよう。豆腐、白味噌、練り胡麻の白和えはねっとりと色気をたたえ、緑の枝豆が青い香りを添えて春酒にぴったりだ。

後ろの席の若い三人は早稲田の学生を京都の大学友達が訪ねてきたようで、京都言葉が入り交じる。そうか、今は春休みなんだ。「教育実習が腹立つねん」「あの人はオックスフォードから帰って、いま東大の院」「それが本質ちゃうか、意味わかる?」。何でもできると思っている青年の客気《かっき》がいい。

春は別れと出会いの季節。春の宵は都電が似合う。おいらにもあの頃があった。

王子　さくら新道の三味線流し

王子駅から少し歩いた大衆酒場「山田屋」は、縄のれんの入口は二つだが中は一つ。カウンターはなく、ガランと広い中にいくつも置いた細長い机は満員だ。

空き椅子に座り、ビールをぐいー。温泉玉子とそうめんをそばつゆに浸した「半熟玉子」は、箸でつつくと黄身がトロリと流れ出る。店中央の流動式燗つけ器は今は珍しく、これで燗した酒はうまいだろう。下町居酒屋らしく黒ビールもある。

相席の中高年夫婦はジャージにサンダルと、家にいるのと変わらない格好だ。「夕飯つくるのもめんどくさいから山田屋で」となったのか。おいらは、ぼんやりと賑やかな店内を眺めるばかり。大きな大衆酒場で一人で飲むのが好きだ。いつからこうなったのだろう。人の世のわずらわしさ、人の心のとらえ難さを知ってからか。

外は雨。何年か昔、駅前の「柳小路」を訪ねたときも雨だった。ロの字に路地が一周する柳小路は戦後の昭和そのままに小さな飲み屋が並ぶ。「庄助」「菊の家」「旅路」「お多福」「文緒」。昔入った「小料理すみれ」の婆さんはまだいるだろうか。

灯のもれる「小料理さくら」は小さなL字カウンターにおかみさん一人が座る。

「里芋といか、冷たいのがいい、温かいのがいい」

ん？　お通し「里芋いか煮」のことのようだ。温かくしてもらった里芋がやわらかい。

壁に鋲止めしたハンカチは「田村、小檜山、忠夫、三浦」と名前が書かれる。旧知の三人が王子でばったり会い「酒だ」とこの店に入った。痛飲するうち、見ず知らずの先客も意気投合。男泣きする若い一人に年配先客は「泣くな！」と酒を注ぎ、おかみさんが巻いていたハンカチーフを脱がせ「記念だ、またここで逢おう」と寄せ書きした。

「その後、来た？」

「ううん、まだ」

ばったり出会い、この裏町酒場に入るのがいい。昭和の歌謡スター、ディック・ミネの『雨の酒場で』は「」の台詞のところだけが地声だ。

一輪ざしの白バラを

ちぎってなぜにまたすてる

花にうらみがあるじゃなし

「おい、もう泣くな」……

プォー！

急坂を下ってきた都電は王子駅の鉄骨ガード下で急カーブを切り、悲鳴のように警笛を鳴らす。

その脇の飛鳥山公園に沿った「さくら新道」の山沿いの小道は、車は入れず暗いが、いくつか開いている店の光が、雨に濡れた落ち葉の道を照らし出す。道は土だ。昔のままの二階建て長屋三棟は飲み屋ばかりが続く。「スナックまち子」「小料理愛」「音路」「さつま」「忍」……。いちばん奥の「三楽」の白暖簾をくぐった。

小さなカウンターの中は板張りで、ガス台と小さな冷蔵庫だけ。白前かけのお婆さんはやや腰が曲がり、清潔小ぎれいな支度だ。アルマイトヤカンでつけた酒をお酌してくれる。品書きはなく、ガス台の鍋の肉じゃがを小鉢で置いた。

パァー、ゴー。

長屋のすぐ裏は王子駅ホームで、電車の大きな音が通りすぎると静寂がもどる。虫の音が聞こえる静寂だ。

さくら新道は昭和二十七年に東京都が作り、今は北区の管轄で地代を払っているという。名前は飛鳥山の桜からだろう。お婆さんはここを手伝っていたが、おかみが亡くなり後を継いだ。

柳小路に入りきれない客を引き受けるように作られたさくら新道は、おおいにはやり、三味線の父娘、尺八、ギター、アコーデオンなどの流しが幾人も、柳小路とここを往き来して流した。酔客の注文で楽器を鳴らして歌う。三味線父娘の娘は人気だっただろう。尺八は歌は歌えないが、朗々と響く澄んだ音色を、客たちは黙って聞き入ったそうだ。秋の夜、ここで尺八に耳を傾け酒を飲んでみたい。

三楽の隣はバー「リーベ」だ。ドイツ語で「恋人」。高校生のとき初めて憶えたドイツ語は「イッヒ・リーベ・ディッヒ（アイラブユー）」。王子のリーベを探して、もう一軒入ってみよう。

神保町　映画本を買って「人魚の嘆き」へ

神保町は本の町。しかし二年前に神保町シアターができてから、おいらには映画の町だ。座席も客マナーもたいへんよく、今日まで見たのは五十八本。本の町らしく日本の文芸映画がメインで、解説パンフには原作誰々が大きく入る。

「没後十年　木下惠介の世界」「大映の女優たち」「豊田四郎と東宝文芸映画」「昭和

の庶民史・久松静児の世界」「日活文芸映画の世界」など数々の名企画が続き、一月から日本映画最高の男優・森雅之の大特集があるらしく、その間は毎日神保町だ。

今は明眸の人「女優・山田五十鈴」。こちらは日本最高の映画女優、今日は名作『流れる』だけどなん度も見ているので、本家に帰って本屋へ行こう。

やってきたのは映画演劇専門古書の矢口書店。まずは棚をひとわたり眺め「まああだな」と一人ごちる。映画書はおいらの基本、大体のものはあり余裕のチェックだ。では珍しいもの。

『ひげとちょんまげ／稲垣浩』は文庫を持っているが親本は初めて。扉に「谷村錦一殿　稲垣浩」の直筆署名入り。谷村は松竹のプロデューサー。文庫と違い写真満載で値段五〇〇〇円。うーん保留。

箱入りの『お化け煙突の世界・映画監督五所平之助の人と仕事／佐藤忠男編』は名著の誉れ高い。開くと涼やかな達筆直筆で「生きるとはひとすじがよし寒椿　五所平之助　井関種雄様」。俳人としても知られた五所の代表句で井関は映画関係者。これは自慢になるが値段一〇〇〇〇円。う〜んヤメ。

渋いところで浦辺粂子・菅井一郎・河津清三郎共著『映画わずらい』は面白そうなエッセイ。値段四五〇〇円。う〜ん候補。

では逆においらの蔵書はどのくらいの値がついているか。川島研究に重宝している『ユリイカ臨時増刊・監督川島雄三』（八十九年・定価一五〇〇円）は九〇〇〇円。フムフムなるほどな。てなわけで楽しんでいたが六時閉店になり結局『ユリイカ・九一年四月号・特集鈴木清順』定価九八〇円を一五〇〇円で買いました。

本を持ってすずらん通り裏の「つねか」へ。映画の帰りに気になっていた居酒屋だ。ツイー……

越後名酒「朝日山」のお燗がうまい。白身のほうぼう刺身は今が時季。この店は四十年やっているそうだ。

「老舗ですね」

「神田じゃ百年の店もあるからね、うちあたりはまだまだ」

そうかあ。小上がりの客は出版関係らしい。白髪の主人は手が空くと「首相がまた読み間違いしたらしいね……。天下のソニーがああなっちゃあ」と世相を斬るのも神保町の風景だ。茄子と蛤煮は素揚げ茄子と蛤をさっと煮て、おつゆにうっすらと油玉が浮きおいしかった。

次はビール。靖国通り二階のビヤホール「ランチョン」は超満員だが一人の気楽さで空いた席にご案内。まずは生をキュー。軽い仕上がりの注ぎ方は名人芸だ。

ぎっしりの店内は背広の大学先生風が多く、奥の団体は一人が立ち上がって挨拶している。筋向かいは長い髪のアラフォー風女性が一人ゆっくりとビール。さすがに神保町は新宿とも銀座とも、ましてや渋谷あたりとは大違いのアカデミックな大人の町だ。さっき買った『ユリイカ』を開いた。目玉は映画評論を書きはじめた頃の蓮實重彦論文「鈴木清順または季節の不在」。例によってハッタリのきいた出だしに引き込まれて読みふける。

さあてシメは神保町シアターすぐ近くのバー「人魚の嘆き」。

「こんばんは」

「あら、いらっしゃい」

ふっくらしたママさんはおいらを知っているのかな。ここのバイト女性はマスコミ志望が多く、今いる丸顔美人のKさんは大手新聞社に内定したそうでおめでたい。

焼酎お湯割でぼんやりと隣客とKさんの話を聞いているとその新聞社の方らしい。そのうちおいらに「失礼ですが」と声がかかり、拙著を読んでくださっているそうで恐縮。では焼酎おかわり。

こうして神保町の夜は更けていきましたとさ。

白金　イタリア居酒屋に春の息吹

その昔、白金長者なる人から地名になったという白金。目黒通りからゆるやかにカーブする下り坂の外苑西通りをおりた突き当たり。できたばかりのイタリア居酒屋「エノテカ・クリッカ」がおいらの行きつけだ。イタリア裏町の気軽な居酒屋の雰囲気がとても気にいった。

「チャオ」

なんて言うわけない。

「こんちは」

「あら、いらっしゃい」

すてきなマダムがお出迎え。カウンター入口角が定席。二階は満員らしい。おいらは腹ぺこ。本日の黒板から素早く注文だ。

「白ワインにホワイトアスパラのカルボナーラ、蛤の白ワイン蒸し、あと薄焼きパンの、なんだっけ？」

「ピアリーナ」

「それそれ」

よく頼みますねーとあきれるが、混んでるときは早い者勝ち。

きゅー……。

やっぱり春のワインは白だな。

店にはつねにイタリアのラジオ放送が流れる。世界の言葉で最も音楽的と言われるのがイタリア語。音楽を聞いているようだ。

おいらの好きなのはイタリア映画。飲んで、歌って、恋をして、飾らない快楽的な人生観が大好きだ。女優ならジャクリーヌ・ササール。長い黒髪にぱっちりした目。恋心を素直に出せないツンとした気まぐれは、十代のおいらの胸をせつなくさせた。『芽ばえ』『みんなが恋してる』『激しい季節』。先日再見した最後の出演作『女鹿』は彼女らしさの集大成だった。

「お待たせしました」

イタリア帰り、若い好漢料理人のガチャリと置いた「蛤ワイン蒸し」は大玉の蛤がごろごろ。貝殻ですくったスープは春の訪れだった。

ここの前から続く三光町商店街は昭和がそのまま残り、薄暗いのがいい。銭湯も豆腐屋も団子屋もある。二階家民家の一階土間を立ち飲みにした「きえら」は、二軒隣りの民家バー「きえんきえら」の姉妹店だ。

「なん年になった?」

「向こうは九年、ここは八年です」

そうかー、出来てすぐ来たがもうそんなになるか。小さなハイカウンターの周りはワイン樽を机にしたり、メキシコ場末の安バーのムード。バーテンダーも白シャツに黒ベストのボタンをワイルドにはだけ、オールバックの黒髪に口ひげが決まるメヒコ野郎。酒はラムとグレープフルーツの「ソルクバーノ」、つまみにとった「サラミ盛り合わせ」にはキャベツ酢漬けがつく。

「葉巻あるかい?」

「ないんですよー」

彼も残念そう。ここで細いシガリロに火をつけ、ぱっと床にマッチを捨ててほしいに違いない。

さあて仕上げ。北里大学病院をすぎた花屋の二階は知る人ぞ知るバー。小さな階段入口はピタリとドアが閉まり「813」と暗号のような数字があるだけ。ピンと来る人は怪盗紳士アルセーヌ・ルパンの知り合いだ。屋根裏のようなところにバーカウンター。マスターH氏は白金のこれも看板のないスノッブなバー「モレスク」にいた人だ。

「赤ワイン」

「はい」

どぷどぷどぷ。ワインの説明なんかしないが、彼がたいへんなワイン通であることは誰もが知る。

店はレコード、本、バレエのDVDなどが雑然と重なり、額に映画『大人は判ってくれない』のフランスオリジナルのポスターがある。何かの白黒写真がべたべた貼られ、落書きもあり、パリの裏町か新宿ゴールデン街のムード。今どき懐かしい芸術派パリッ子のバーだ。壁に直接、バレエ『ラ・バヤデール』のDVDが写り、その音楽ががんがん流れる。

店の名は「ガランス」。てっきりフランス映画の最高作と言われる『天井桟敷の人々』の女主人公からつけたと思ったら、「血の色」のことなのだそうだ。そういえば壁に血を塗りたくったように赤を塗っている。

『天井桟敷の人々』は人生を劇場にたとえた雄大な人間悲喜劇だった。

赤い血の色のグラスを裸電球に透かして上げた。

春。春が来た。一杯のワインよ、我に熱い血を巡らせたまえ。

北千住　昭和の町に若手美術派が

ＪＲ、東武線、地下鉄の日比谷線・千代田線などの集まる北千住駅は、空中遊歩道に大きなデパートもできてすっかり整備されたが、駅前から左に延びる飲み屋横丁、通称「ノミヨコ」はしっかり健在だ。都内に横丁多しといえども、ここほど長く延々と続く飲み屋横丁はなく、居酒屋、立ち飲み、パチンコ、キャバレーなど一時代前の猥雑さがそのまま残るのがうれしい。

とば口の大きな居酒屋「千住の永見」はその代表で、開店三時半に次々に席が埋まる。世の中ひま人が多いのかと思ったがそうではなく、あくせく働いたっておんなじ、早く一杯やるべし、というまことに健全なお考えだ。皆、定席が決まっているらしく、ある人は奥の上席を避け、玄関戸の脇のカウンター一番手前端という最も末席にためらわず座り、俺はここでいいと決めている心境がいじらしい。

ぴたりとタオル鉢巻の決まる主人は、祭大好き生粋の千住っ子。三社祭の花棒をかつぐ雄姿の写真が自慢だ。千住の町おこしに千住七福神を復活させ、江戸時代から続く旦那衆の千社札交換会「都会《みやこ》」の有力者でもあり、額に飾る千社札の自作浮世絵の粋なセンスに感心する。「関東の神社はだいたい一番目立つ場所に「千住永見」が貼ってありますね」と言うと「あっはっはっは、あんた知ってるね」と豪快に笑う。

勘定場脇に大切に置いた写真は母である創業先代。主人は二代目。そして三代目が店の奥に仁王立ちで目を配るのはまことに頼もしく、今どきの甘ったるいイケメンと違う、これぞ日本男児の顔だ。懐かしい「えんどう豆」を頼むとすぐに運び、小声で「ちょっと醤油かけるといいです」とアドバイス。気も利く奴じゃ。

カウンターの脇に傘を置いたややくたびれた背広の初老が、小さな手帳をぺらぺら開いて、またしまい、盃を手にぼう然としているのが、荷風先生と重なって見えた。

ノミヨコから少し先の通りの、居酒屋ファンに評判の、一坪立ち飲み「割烹くずし徳多和良」は、いつもそれこそ立錐の余地もなく、今日は心して開店五時に一番で入る。お目当ては正面黒板の本日の料理で三一五円、四二〇円、五二五円均一のみ。三一五円から選んだ「鯛と茗荷の酢のもの」は小鯛の酢〆、五二五円の「鯛そうめん」は、大鍋の鯛のおつゆと茹でそうめんの一椀で、鯛はかぶと、身、中落ちがそれぞれ入りたいへんおいしい。白刈上げに白調理着の板前主人、奥さん、そして丸顔ポニーテールの美人娘が職人肌の父を手伝う雰囲気が、味と値段だけではないここの人気と見えた。

永見からノミヨコをさらに進んだ右角に立つ古い一軒家は紺のれんに「酒の店　小柳」、貼紙で「昭和のカフェ」とある。目を引くのは外壁と通りにいくつも置いたパネルの美術展ポスターで、「堀内誠一／旅と絵本とデザインと」「建築家・坂倉準三展」「田中絹代／シネマに恋して」「藝大美術館所蔵作選／コレクションの誕生、成長、変容」などおいらの気にしているものばかり。センスが合いそうだが、店内は昭和チックな応接セットにピンクのタイトミニスーツの化粧濃い老嬢が座り、やや雰囲気あぶなく、ひるんでしまった。

小柳を右に曲がった先の左の小路は、若いセンスに雰囲気が一変し、レトロ立ち飲み「南蛮渡来」、ジャズバー「バードランド」、まったりムードの「あさり食堂」、イタリアン「ロッソ・ビアンコOKU」、古民家居酒屋「萌蔵」と続く。カフェ「わかば堂」は、古民家に北欧風、ジャワ風、ヨーロッパ風の入り交じった不思議な雰囲気で、個性的おしゃれの若い女性が多くておいらはうれしいが、遠慮してカウンターへ。ジントニックをキュー。BGMは軽いボサノバ。黒Tシャツで若い美人が二人楽しそうに働く。昔のお屋敷にあったような丸テーブルとふかふか椅子の応接セットは芸術系学生のようで、千住に新しくできた藝大音楽部かもしれない。

駅前にはシアター1010がオープン、東口には東京電機大学が移転開学するらしく、千住は変貌中だ。若い学生と、怪しげな飲み屋街が両立するから学生のタメになる。

学生よ、ノミヨコへゆけ！

湯島　のこる二人の影法師

湯島天神には、石段が大小大小と続く急段の男坂、五段おきに踊り場のある女坂、春日通りから入る緩やかな夫婦坂もある。

賑わうのは、学問の神様に合格を願う絵馬があふれる春だが、秋の落ち着いた風情もすてがたい。「新派」と深彫りした巨大な石碑は、新派創立九十周年に、松竹と水谷八重子が題字川口松太郎により新橋演舞場に建てたものを、その後の演舞場の改築でこちらに移転したものだ。

それはもちろん新派の当たり狂言、泉鏡花の『婦系図』による。

「切れろ別れろは芸者のときに言う言葉……」

お蔦・主税の名せりふはここ湯島天神境内、梅の咲く下だ。映画は、昭和十七年＝長谷川一夫・山田五十鈴・監督マキノ正博。三十年＝鶴田浩二・山本富士子・監督衣笠貞之助。三十七年＝市川雷蔵・万里昌代・監督三隅研次の三本を見たが、いずれも申し分ない配役・監督。主税の恋を許さない黒門町の先生も古川緑波、森雅之、千田是也と、しかるべき重量級がおさまる。

湯島通れば　思い出す
お蔦主税の　心意気
知るや白梅　玉垣に
のこる二人の　影法師

ここに来ればこの歌を思い出さずにいられない。名曲「婦系図の唄（湯島の白梅）」は十七年の映画にともなって発表され大流行した。日本きってのクルーナー（ソフトな声の男性歌手）小畑実はデュエットの藤原亮子をたてつつ、艶やかにすばらしい。

男坂をおりた左は古美術の羽黒洞、脇路地に魚味噌漬の「よろずや」、そして居酒屋「シンスケ」だ。明治四十年「やまと新聞」に『婦系図』が発表された十七年後の大正十四年の創業。まあ同時代と言ってもよいかもしれない。小畑実のヒット曲は、ここでよく口ずさまれただろう。

「こんちは」

「ほーい、いらっしゃい」

縞のはっぴに紺パッチ、細手拭い鉢巻、つっかけ草履がきまる三代目主人の春風駘蕩とした接客が、よき時代を想像させる。

「樽酒、燗」

「樽酒は十月一日からです」

おっとまだ九月か、しかし肌寒い。純米酒の燗で肴は〆鯖。

ツイー……。

ふう。シンスケは開店と同時に入るのがおいらのモットー。天神様とここは切れない仲だ。

いささか飲んで、ほてった頬で歩いて不忍池へ。

夜の池を巨大な蓮が立ち上がって埋める。大都会の真ん中の、丸くぽっかりと暗い空間の、蓮のうてなの重なりは、浄土ではなく不吉への入口のようだ。暗い池に向いて並ぶベンチのアベックは何を見ているのだろう。「心中しよう」という言葉が浮かんでいないだろうか。ある二人はレジャーシートをひろげ、紙パック酒と、買ってきたおでんでごろりと横たわり、夜の闇に魂を吸い込まれたように黙って池を見ていた。

天神下交差点を御徒町へ渡ると賑やかな酒場街。二軒ある「奥様公認酒場　岩手屋」は兄弟だ。酒は、兄の店は「酔仙」、弟の店は「菊の司」、ともに岩手の酒だ。今日は兄の店。古い木製の氷冷蔵庫の上の樽から汲んだ酔仙の燗に、サンマのぬか漬がうまい。

田舎の素朴さを感じる店は中年客が多い。カウンターに座る四十がらみの目鼻立ち整った女優顔美人は、連れの男に飽きたらしく顔も見ないが、そのうち二人は出て行った。

「いい女だよなあ、水着着せてサーフィンやらせたいなあ」

多少顔見知りらしい客が、ため息のようにもらし、なんであんな奴と一緒なんだと言いたげだ。

すると「忘れものー」とくだんの女は戻ってきて、置き忘れた鞄を確認すると「せっかくだからもう一杯飲もう」と、もとの席に腰をおろした。計画的に男をまいたかな。これは声をかけねば。

「女優さん？」

え、そうじゃないけどと笑うが、どうもそうらしくも感じる。ため息ついた水着希望の客も勢いづき、三人で話す格好になったとき、さっきの冴えない連れが戻ってきて黙って座った。いったいどうなってんだ。

潮時だ。おいらは腰を上げた。

銀座　銀座商売の人情話

銀座八丁目、並木通り裏の小ビルの階段を上がる。

すぐ近くの資生堂本社へは二十年、くる日もくる日も通った。そこから夕方、見下ろす通りは酒屋、氷屋、花屋の配達、何か買いに走る白い調理着の板前見習い、足早にご出勤の着物のママさんで活気づき、黒服が立ちはじめると銀座の夜がはじまる。

われらサラリーマンは居酒屋へ。この小さなビルは一階「すし京弥」、二階「居酒屋きく」、三階「おじや嘉助」。二階が満員なら三階へ、急階段は帰りの下りが怖かった。今日は三階直行。

「こんちは」

「いらっしゃいませ」

どちら様でしたっけ、という女将の顔。三階まで初めて入ってくる客は少ない。昔通った嘉助は店名はそのままで中の人が変わったと聞き、訪ねてきた。

「燗酒ね」

「はい、お燗でしたらこれが」

静岡の「喜久酔・特別純米」とはありがたい。おいらは自分の説明よりも女将のことを知りたい。

女将は向島の料亭の生まれで、子供の頃から母に銀座に連れられ、「白牡丹」や「くのや」で和装小物を買うのを見たり、洋食屋に入った。自分も将来は商売と決めていたが、母は（女商売の）料亭よりもカタギの洋食をしなさいと、大学に通いながら調理学校にも通わされた。母は早世、父は重い病に倒れ、卒業後は介護のため父の病室の隣に自分も「入院」することに。父は病院食の週間予定を見て「これと同じものをお前が作れ」と言った。食事制限は守り、おいしく食べたいという腹だ。娘は実行し、家で作って運び、病院給食は自分が食べた。蕎麦の出る日は向島から運ぶとのびるので、近所の蕎麦屋で茹でさせてもらった。

剛毅な性格の父はかつて「治らん病気になったらオレは自分で死ぬ」と放言していたのを、ある日思い出し、冗談まじりに「あれはどうなったの？」と聞くと、「今のオレは一番幸せだ、死にたくない」と言った。

八年後、父の葬式を済ませ、ようやく念願のフレンチレストランを銀座並木通り六丁目のビル地下に開店。銀座以外の地で商売をするつもりはまったくなかった。向かいの三笠会館や資生堂など並木通りの旦那衆は面倒見がよく、女がはじめた店をずいぶん助けてもらった。

レストランは繁盛し、評判を買われて移った新・交詢社ビルのバーニーズで二年やって経営が行き詰まり、店を閉め「路頭に迷った」。ある赤坂の料亭の社長さんが、しばらくうちに来なさいと言ってくれたので履歴書持参でうかがうと、履歴書は一度も開かなかった。（話す女将は目が潤んできた）

和食や接待を覚えて一年半後、銀座「嘉助」が空くと聞き、赤坂から独立を決意したが、恩ある社長に迷惑はかけられない。銀座で仲よしだったクラブ勤めの友達に、そこへ移ってもらうことにして話すと許しが出て、がんばりなさいと言ってくれた。

「そしてようやく一年半、すぎたの」

少しずつなじみも来てくれるようになり、店を手伝いたいという若く素敵な女性も現れた。

私の酒は三本目になった。フランス料理を取り入れた、コンフィのような「やきとり」がうまい。

二十年ぶりだが、粗い板床、手斧仕上げの板壁、田舎然とした机腰掛は変わらず、カウンターは木目が浮き上がり枯れた風格だ。店名は「看板替えるお金がないので、そのままにしたの」と笑う。四十五年前に開店した嘉助はこれで四代目という。

銀座の人情に助けられ、成功も苦労もあった女将さんは、淡々と包丁を動かしている。新しい嘉助通いをまたはじめよう。

金春小路奥の奥の「あるぷ」は、銀座で最も見つけにくいバーだろう。

「こんばんは」

「あら、今うわさしてたのよ」

どうせロクな……まあいいや。

ここは六人で満員の小さなカウンターだ。きれいな白髪になったママさんは黄色のブラウスに臙脂《えんじ》のカーディガン、「暖色系が似合うよ」と言うとうれしそうだ。

ウイスキーを一杯。

「失礼ですが……」

隣の紳士が話しかけてきた。

本郷　高畠《たかばたけ》華宵《かしょう》と東大生美女

弥生三月――。小雨の中に弥生美術館を訪ねた。

本郷七丁目と弥生一丁目のほとんどを占める東京大学は、東西南北に赤門、正門、農正門、弥生門、池ノ端門、龍岡門と五つの入口がある。弥生美術館は弥生門のすぐ前。広大な東大に較べ、石畳の露地に煉瓦三階建ての美術館はとても小さく見え、そこがいい。

目当ては開催中の「生誕一三〇年記念―明治・大正の挿絵界を生きる―鰭崎英朋《ひれざきえいほう》展」だ。金沢の泉鏡花文学館でじっくり見た挿絵の鏑木清方、小村雪岱《せったい》は最近大きな展覧会もあり堪能したが、この鏡花本画家もついに見られるときが来た。

デザイナーのおいらは戦前の新聞雑誌の、今のイラストレーターにない日本画の基礎をしっかり学び、風俗考証を知悉した挿絵に関心があった。大学で教えているとき、東大博物館から牧野富太郎の植物標本を保存した大正・昭和の古新聞を分析してほしいと頼まれたことがあり、新聞小説黄金時代の挿絵にすっかり魅せられ、以来さらに興味がわいた。

鰭崎英朋は清方の清雅、雪岱の洗練にくらべ、美人画は血の通う情念があり、場面を劇的につくるサービス性が強い。挿絵とはおもしろいものだ。美術ではしばしマイナスに言われる「説明的」ということが挿絵では重要になる。説明的だからおもしろい。場面や人物を説明し尽くさんとする想像力の強さに圧倒された。

三階には高畠華宵が展示されていた。

ああ、華宵！　華宵こそ、幼き日に初めて魅了された画家だ。少年少女雑誌に描かれた凛々しい少年、気高い乙女にいかに心ときめかせたことか。

それはおいらだけではない。はるか昔の昭和四年に発表された、少年が旅立つ絵「さらば故郷！」に魅せられた人が、戦後世間から忘れられ兵庫の老人ホームにいた華宵を知り、手厚く迎え、晩年を看取った。その人こそ私財を投じてこの弥生美術館を創設した鹿野琢見氏だ。その秘話と開館を伝える昭和五十九年の新聞記事をおいらは切り抜いてとってあった。

鹿野氏の華宵コレクションは内容を変えながら三階に常陳されている。華宵描く乙女の、涼しげな目もと、小さな唇、繊細な手指の表情に恍惚となるおいら。ポストカードを何枚も買ったのは言うまでもない。

外に出ると夕闇が忍び寄り、春雨は霧の如く煙っていた。東大校舎をつなぐ陸橋を、今日は卒業式らしく袴姿の女学生がゆく。東大女子も袴をはくんだ。あの顔が華宵だったらなあ。

そのまま農正門向かいのおでん屋「呑気」に入った。創業明治二十年。東大ができてすぐここもできたと言ってよい東大生御用達のおでん屋だ。今はビルの一階だが、昔はどんなだったのだろう。学生も制帽に小倉の袴の時代かもしれない。

湯煎された大きく丸いおでん鍋の脇には銅の燗つけ器が左右につく。おでんのつゆは黒い関東風だ。

「豆腐、大根、ヤリイカね」

よく味のしみた大根、子持ちのヤリイカがうまい。年季の入った漆喰壁の古色蒼然たる店内は、学生おでんらしく余計な飾りはなく、掲げられるのは書額ばかりだ。正面の右書き「呑気最佳　阿部能成」は東大哲学科、色紙「友の憂いに我は泣き　わが歓びに友は舞う　大槻文平」は東京帝大法学部。ともにこの丸鍋を囲んだのだろう。

「フランス革命が〇〇年だから、それは成り立つ」「いや日本においては条件が異なる、としなければ無理」

若い男四人、女一人のグループはラフな格好ながら一目で頭のよいことがわかる。テレビで評判の「龍馬伝」から始まり、今ほんとの龍馬を演じられる役者は誰かになり、さらに龍馬の世界性に論は広がったようだ。どうやら演劇系サークルらしく、髪が長くエキゾチックな美貌の女子は華宵を思わせる。

若いときはいい。東大生もおでんを肴に酒を飲んで議論する。マドンナらしい美女もいる。

春は別れと出会いの季節。華宵描く美女に似たわが故郷の初恋の人はどうしているだろうか。温かな酒がのどを滑り落ちた。

築地　鏑木《かぶらぎ》清方《きよかた》の美人を訪ねて

鏑木清方の名作美人画「築地明石町」は昭和二年の作品。冬の朝、緑青色の着物を抱くように黒の羽織を胸高に打ち合わせ、朱の鼻緒の黒塗り下駄に素足が縮む。垣根の蔓草は霜を置いたのか白く、朝もやに遠く帆をおろした舟が霞む。細面美人のやや拒むような切れ長の目は猫を思わせる。

昭和二十五年作の「築地川春雨」は、築地川の木橋に爪皮高下駄の美人が立つ。朱色蛇の目傘は春雨の温もりを感じさせ、川に浮く屋形船舳先に置いた煮炊き釜にも人の温もりがあるようだ。

今は真夏。地下鉄から上がった新大橋通りは炎天に地熱を高め、向こうの築地本願寺のモスク風破風が陽炎にゆれる。明石町、聖路加病院側に渡ると小公園の緑があった。

幅狭く左右に長い公園を二本の石柱の列が横切る。ここは旧築地川を埋め立てた地。陸に残った橋の高欄は意味を失った。「築地川春雨」の美人いまいずこ。

ビールだ、冷えたビール。本願寺裏の居酒屋「魚惣」は「準備中」の札が出ているが、かまうものか。

「こんちはー、ビール」

「あちゃー、すいません」

今日は貸し切りなんですよ、と主人が拝むように手を立て頭を下げる。うーん仕方がない。

暑い、ますます暑い。築地のこのあたりは戦災を免れ、戦前の古い建物がよく残る。木造出し桁造りの「乾電機株式会社」は、二階の重厚な瓦屋根にさらに庇を挿し、壁は銅板葺き。玄関のガラス戸から見える事務室は戦前商家そのままだ。

十字路角の大きな商家は、一階二階、隅切り角に設けたバルコニーの太い手摺りまで、すべて緑青を吹いた銅葺きが圧巻だ。角に面した一階ギャラリーのガラス張りから中がよく見える。あそこで少し涼もう。

ひんやりした室内が気持ちよい。床の細かなモザイクタイルがモダンだ。ここは今年二百六十年になる「若松屋」で、かつては染物、明治以降は足袋商、二年半ほど前に貸ギャラリーにしたそうだ。立派な建物は関東大震災後の築で、近所に仕事に来ていた棟梁が「こいつは今はできねえ」と目を見張ったという。

震災の後であれば清方はこの家を見ているに違いない。「築地川春雨」とて想像だけの絵ではないだろう。清方は東京に残る明治の面影を描き続けた画家だ。当家のみならず緑青銅葺きの看板建築は界隈あちこちに残り、明治とは言わないが、昭和戦前の面影をよく伝える。

しかし今はビールだ。少し先の道に「魚料理　築地はなふさ」の看板を置く小さな暖簾をみつけた。ここだ、ここがいい。棟続き二軒長屋の片方は「寿司・料理用　玉子焼・おぼろ　渡辺商店」で築地らしい。

L字カウンターの小さな店は、早くも三人客が二組。その真ん中に座った。ングングング……、喉も裂けよと流し込むサッポロラガー。ひと息ついて白半紙短冊の品書きを見ると、さすがは築地。魚介をはじめ、今ならこれでしょうという品がずらりと並ぶ。しかも鯛やマグロの高級魚ではない、通好みの魚が多いのが地元感十分だ。さて——。

「かます刺身（三崎）」は繊細な包丁がねっとりした甘さを生む。「豆あじ（小田原）」は開きで頭からバリバリ。「特大春かき（釜石）」のまだ若いが玲瓏たる気品は圧巻。「水茄子ぬか漬（岸和田）」は旬、かぶりつく水々しい茄子に辛子がピリリと効く。大阪ではない江戸の季節ものなら「谷中生姜」で決まりだ。酒は「奥の松純米吟醸」で申し分ナシ！

いい店をみつけた。しかしもう一軒、美人女将が評判の「ねこ屋」に入りたい。裏小路急階段の二階に上がると、畳敷きにカウンターのスナック「酒膳倶楽部」だ。もとここにあった「ねこ屋」は移転したそうで、書いてくれた地図をたよりに新大橋通りを銀座側に渡り、ビル地下におりた。

店名通り猫グッズがいっぱい。着物に白割烹着のお姉さんは、結い上げた黒髪の艶にかんざしの枝垂れ藤が揺れる。切れ目の丸顔は猫にゃんこそのもの。清方えがく美人はここにいました。

下高井戸　青春を過ごした隣町

京王線下高井戸駅に急行は止まらない。ホーム端の出口は大きな踏み切りで、通過する通勤快速や特急のゴーという電車音とカンカンカンと鳴る警音が絶え間なく続く。

それでも心休まる、立ち止まるよさを感じるのは、すぐ向こう側のアーケード〈下高井戸駅前市場〉だ。看板には、お茶と海苔・つるや、洋装雑貨・カミヤマ、漢方相談・桃仁堂、うす皮たいやき・たんぽぽ、手作り豆腐・いづみや、寿司種貝類川魚・

長谷川商店、自家製総菜漬物珍味干物・鈴木商店などなど。

煌々《こうこう》と明るい三友シーフーズの店頭は、さんま、ほうぼう、のどぐろ、皮はぎ、いなだ、戻りかつお、活きえびなど満載の魚がピカピカだ。

「魚ホントいいよ、豊後水道直送！」

「いわし鮮度最高、お腹パンパン！」

威勢のよい呼び声に人が集まる。

「牡蠣ふたつ」

「へい牡蠣ふたつ！　殻は開けちゃう？」「はい」

もう生牡蠣の季節なんだ。

「お総菜できたて、一〇〇円均一ですよ」の声に止まる若い二人は、男が赤ちゃんを抱き、妻の押すカートは買物品が乗る。赤ちゃんの額に貼った大きな熱醒ましシートが可愛い。〈本日串一〇本セット一〇五〇円〉の店頭で若い男女が「ネギマと手羽と……」「ささ身も入れて」と慎重に十本を選んでいる。きっと今夜はこれでビールでも飲むのだろう。

踏み切り反対側は、中華・康楽、床屋・イワタ、本屋・安心堂、中華そば・木八など、この町は学生や若い人が新しい生活をはじめるのに最適だ。なんでも格安で揃い、通りに人があふれ、コンビニとは違う人の触れ合う生活がある。

十八歳で上京したおいらが最初に住んだ、四十年以上も前の下北沢がこうだった。戦後のままのマーケットは裸電球の下に魚屋、八百屋、総菜屋、おでん種、米軍放出衣料や外国チョコレートなどが並び、買物が楽しかった。その後、下北沢は演劇とライブの若者文化の町に発展してそれはたいへん結構だが、マーケットはなくなり、駅前再開発の愚挙が実行されそうだ。

当時下北沢には映画館が三つあり、たまに下高井戸にも見に来て、帰りに市場で買物もした。一九六七年二月二十六日、下高井戸東映で見た東映全盛期の二本立て『懲役十八年』『組織暴力』が忘れられない。二十一歳。自分を見失いかけていたおいらはこの年百十四本の映画を見た。そして手帳に日付を書いていた。

下北沢に映画館はなくなったが、ここの下高井戸シネマは優れた番組編成で知られる。一昨年だったかの〈小沢昭一映画祭〉には御大自ら舞台挨拶に来られ、おいらも熱心に通った。番組表の次回上映は『若者のすべて』だ。大都市ミラノに移住してきたアラン・ドロンの一家が、都会で挫折してゆく姿を描いた巨匠ルキノ・ヴィスコンティの傑作を高校生の時、松本で見て、自分を重ね合わせた。傷心のドロンが恋人アニー・ジラルドと会う教会の屋根のシーンは忘れられない。

歩いて居酒屋「まきたや」に入った。カウンターに仕込んだガラス蓋の木箱には、今、市場で見たような魚がピカピカに並ぶ。〈刺身五点盛り〉は自分で選べるそうで、ウーンと悩み「あじ・真鯛・小肌・しらうお・赤貝」に決定。その盛り合わせ姿の華麗なこと。〈岩手冬カキ入荷〉。おお、これは市場で見た。早速頼もう。ひんやり、トロリ、この美味が一個百八十円とは申し訳ない。さらに「揚銀杏」をとり、燗酒をぐーっとやった。

まさに秋来たる、冬もそこに。今年は猛暑だったが、終わると寒さが早い。信州から上京したわが人生も夏は過ぎ、もう秋から冬だ。故郷を出て一人暮らしを始めたのが人の生活のある町でよかった。野心を抱きながらも心細い身に、人の世は日々の生活でできていることを知った。「まきたや」の若主人も青森出身で、この下高井戸に自分の店を持ったという。誠実一路な仕事に中高年など夫婦客も多い。きっと成功するだろう。

『若者のすべて』の結末はどうだったろうか。こんど見に来ようかなと思った。

田端　文士村の「初恋屋」

師走も押し迫った寒い冬の午後、淋しい気持ちになりどこかに行きたくなった。淋しいときは淋しいところに行こう。

JR田端駅南口は、山手線で最も古い電車駅の雰囲気を残す。長いホームの端に〈南口にトイレはありません〉と表示され、駅員一人の改札口はわずか三つ。三角トタン屋根の小さな駅舎から、この駅のためだけの長い一本道が上り坂になる。

ここは高台で、目の下には線路が遠くまで無数に並ぶ。山手線の終点は田端なのだそうだ。端の高架は東北上越新幹線、その先は茫漠と町が広がり、東の彼方にはスカイツリーが見える。南口の利用者は少なく、立ち止まって眺める夕方の北東京の風景は索莫とした解放感だ。

坂を上がった道を折り返すように歩いた途中の跨道橋・東台橋は切り通しの遥か下に車が走り、そこからは田端高台通りだ。田端は高台と低地の差が大きく長く続く。

商店街とは名ばかりの通りの「紳士と婦人の洋品・せんだ」店頭に〈田端中学新一年生学生服入りました〉のビラと制服がある。隣は「傘と履物、ファッションサンダルの店・ふじや」、少し先の「三島屋魚店」と並ぶ「三島屋寿司」は同じ経営だろう。米屋に〈お正月のし餅ご注文承ります〉のビラが出る。もう正月か。

やがて店も尽きると跨線橋で、下を走る山手線の先に京浜東北線が合流し、新幹線も軌を一に寄ってくる。紺ジャージーの女子中学生が端の脇の地べたに車座に座りこみ、話に夢中だ。大きな夕焼けが町を赤く染めてゆく。

引き返して路傍の史跡標を見た。

〈白亜堂　明治三十年に山手線田端・池袋間がつながり、ここに茶店・露月亭ができ、板谷波山の焼物・飛鳥山焼も売った。東京近郊としての条件が整うと芸術家や作家が住みはじめ、白亜堂という喫茶兼パン屋に変え、佐伯祐三や長谷川利行が好んで描いた駅構内の風景がよく見えた〉

大正十三年、芥川龍之介がここに転居すると、室生犀星、野上弥生子、野口雨情、竹久夢二、滝井孝作、菊池寛、久保田万太郎、堀辰雄、萩原朔太郎、佐多稲子、川口松太郎らが続々と越して来て田端文士村ができた。

高台は人の世を見る気持ちをおこさせる。文士村はきまって土地の高低差がある所にできるそうだ。芥川は駅南口の坂を「雨のふるときは足駄で下りるのは大分難渋だ」と書いた。昭和二年、芥川の自死により文士村は大田区馬込に移っていった。

東台橋から長い石段を下りた駅北口は新しい駅ビルで人が行き交う。商店街キャラクターの、頭に皿をのせ星の笹をかついだ河童「りゅうのすけくん」は芥川の小説からだろう。跨線遊歩道・田端ふれあい橋を渡りさらに段を下ると、高台から見下ろしていた低地に来た。

冬の陽は早くも暗くなってきて、目の前の居酒屋「初恋屋」に入った。四時半開店を少し過ぎてまだ空いてはいるが、師走の今日は予約でいっぱいなのだそうだ。燗酒に酢〆の「しめいわし」がうまい。刺身は必ず温かいご飯の海苔巻が一つ添えられ、これがおいしい。

初恋屋。名前がいい。もちろん夫婦で、主人は薄くなった銀髪に真っ赤な手拭いの細ねじり鉢巻、奥さんはお運びで忙しい。二人ともすでに歳は重ねたが、きっと初恋を通したのだろう。奥さんは「パパー、三点盛り四人前」と必ず「パパー」と呼び、主人も「ママー、鯵フライあがり」と声をかける。

刺身三点盛り四人前の海苔巻が一つ足りないらしく「パパー、海苔巻三つしかないよ」「四つにしたよ、よく見ろよ」「だって、ないよー」「バカ、落としたんじゃねーか」。

忙しくなった店の仲よし夫婦の口争いを、客がなだめるように笑う。叱られた体《てい》の奥さんが、半べそかいてふくれっ面になるのがいじらしい。

いいなあ。作家や芸術家は高台から下りてこういうのを見るべきだ。満員になった客は皆常連ばかりで、小さな畳は忘年会、カウンターの一人男は村上春樹を読みながら大根アラ煮で一杯だ。山手線の地味な駅の小さな酒場に人が肩を寄せあう。

おいらの淋しい気持ちはやがて薄れていった。

中野　東日本大震災から二週間

人ごみにまぎれたくて中野を歩いた。北口サンモールに並行する通りは飲み屋がいっぱいだ。

「ホッピー加賀屋」「パブハウスマドンナ」「居酒屋魚味」「酒道場」「焼きとん中野屋」「カラオケ歌姫」「スナック艶歌」。「アナログ盤で音楽をどうぞ」とあるバーはボブ・ディラン「時代は変る」のジャケットを飾る。

さらに奥の「昭和新道商店街」に入ると、「ひだまり農園」「焼酎バー泪橋」「小料理信濃路」「心のおもてなし博多京太郎」。「写真展随時開催」とあるスナックは写真愛好家の小さな告知がいくつも貼られる。バー昭和倶楽部は「思い出のあの頃の歌を七十年代のステレオで」として持ち込みレコードをキープできる。

なぜこんなに人の集まるところがあるのだろう。飲食のみならず趣味もまた呼びかける。三月末は春のはずだが、寒さに肩をすぼめて人が行く。呼び込みの姉さんも寒そうだ。五時、ドボルザークの「家路」のメロディーが町に流れた。家路をたどるか、それとも。

心に重いものがある。一週一度の休肝日も実行できない酒飲みの自分が、三月十一日から全く飲む気になれなくなった。テレビの惨状が正視できない。朝目を覚ますと、あれは本当だったのだとさらに知る。四日目からは家で少し飲んだが気持ちは沈むばかりだ。家ごもりの二週間がすぎ、あの日からはじめて町に出た。

こういうことをしてよいのだろうかという気持ちをかかえ、駅前の居酒屋「第二力酒蔵」に入った。ここは午後二時に開店し夜十時まで開いている。広い店の真ん中の島のようなV字カウンターは一人客の場所だ。夕方五時をすぎて、丸刈りに目がねの自由業のような男、今日は終わったのか年配の現場作業服上下の男が黙然と座る。

燗酒とワラビのお浸しをもらった。顔なじみの店長がやって来た。

「どうでしたか」

「いや、うちは大丈夫、ここは？」

「三階の食器が割れたくらいでした」

「そのくらいなら」と答えて話は続かず「店を開けられるだけでありがたいです」と定位置にもどる。

カウンター、二人席、四人席、団体さんと自由自在の広い店は、ぐるりと貼り巡らせた品書きビラが壮観だ。もう初ガツオや筍が出ている。

しかし見慣れた店がまるで変わって見える。店内は全く変わらないが自分の気持ちが変わったのだ。

やがて勤めを終えたらしきサラリーマンや、待ち合わせなどがやって来て、店は静かに満員になった。中高年と女性、男のグループ、女性だけの仲間もいる。

いつもは賑やかな店が今日はとても静かだ。酒を飲んで騒ぐことを皆が自粛している。こんな時に居酒屋に来た後ろめたさを誰もが心に持っている。隣の机に座った初老の二人は互いを確認しに来たようで、その日の自分を詳細に話し、まあオレたちはよかったが、被災者を思うとたまらないと言葉を詰まらせる。

大きな店で、板場の七人、お運び女性七人も忙しいが、声を出さぬように黙々と働く。働くことでなにかを振り切っているようだ。

その光景は心の避難所に見えた。人の集まるところに自分も入り、一杯の酒で皆と同じ気持ちになりたい。同じ気持ちになっていることを確かめたいと。山口瞳の揮毫に「今日無事」という言葉があったが、はじめて実感をもった。「はいこれサービス」店長がワカサギの甘露煮を一人客に置いてゆく。今までにこんなことはなかった。

ステンレス箱にたっぷりのお湯でお燗されたキンシ正宗が、はらわたに染みとおるようだ。あの名酒、この大吟醸などという気持ちはまったく消えた。ただ飲めるだけでこれほどの幸せを感じるとは。

黙々と飲んでいた作業服の男が「勘定」と、胸ポケットのボタンをはずして五千円札一枚を出し、値段も聞かず「これで足りるか」と渡した。預かった女性はレジをたたき「うんと足りたわよー」とにこにこと二千円と小銭を渡す。男は数えもせずまたポケットに入れ、出て行った。

外で酒を飲む気持ちになれるだろうかと思っていた私は、居酒屋が人の心を救う様子を見た。

また明日からがはじまる。

以上「荷風な酒場をさがして」（季刊誌『荷風』二〇〇四年〜二〇一一年連載）

V　対談：この人と居酒屋で

いとしの居酒屋応援歌／なぎら健壱

フォークシンガー。下町への造詣が深く、多才多趣味。『東京酒場漂流記』『酒にまじわれば』など著書多数。

なぎら どうもお久しぶりです。

太田 どうもどうも。（生ビールで乾杯）何か適当につまみますか？

なぎら アタシは適当に。

店主 今日は青柳が入ってますよ。

太田 青柳はぬた？　刺身？

店主 ぬたでも刺身でも。北海道モンですけど、結構いいですよ。

太田 じゃあ青柳とタコを刺身で。

なぎら アタシも青柳好きなんで。

——居酒屋に求めるものとは？

なぎら まず、一番で言うと安さですかね。それにいろんなモンが加味されるんでしょうけど、一番はそこじゃないかな。そうなるとできるだけ安くて旨いものを提供しようっていう、亭主のいるところを選びますよね。そこで違いが出てくる。居酒屋は安くありきと思っているから、それがまず基本ですね。

太田　高い居酒屋はありえない、と。

なぎら　まず安いがあって、次に付加価値としてたたずまいがいいとか、按配がいいとか。たとえば親父さんとの会話、お客さんとの会話、それも重要な肴の一部だと思っているんですよ。それができるところがいい。でもだからといって、ずっとしゃべってる親父さんがいたら、それはそれで困っちゃうんだけどね。こっちが話したくないときは読めよ、と(笑)。

太田　こっちが話したがっているときも読めよ、とね。

なぎら　そうそう！　太田さんはどうです？　たとえば一見で行くときとかは、何に惹かれて入りますか？

太田　僕は古い店が好きなんです。建物が古い店はとにかく入ってみる。

なぎら　それはありますね。でもたたずまいはいいのに、入ってみて〝あちゃ〜〟っていうのもありますよね。

太田　そうですね。大体いい居酒屋に当たる確率は二割五分、四軒に一軒かな。その〝いい〟とは、もう一回来てみようと思うランク。

なぎら もう一回来たくなるっていうのは、いい居酒屋の基準ですね。

太田 その上のランクは毎週来たくなる。最近顔出してないから顔出さなきゃ、とか。そうなってくるともう贔屓の店ですね。僕の思う居酒屋の魅力は、酒が好きだから、ゆっくり酒を飲めること。それから僕は食べる方なので、いろんな肴があるのがいい。おきまりコースではなく、好きなモノを選んで少しずつ。要は店を楽しむことですね。客がいて、たたずまいがあって、適当なさんざめきがあって。ところでなぎらさんは、ハシゴ酒はしますか?

なぎら う〜ん、時と場合による、二軒くらいかな〜。太田さんは?

太田 僕は断然ハシゴ派。行く先々でよい店を教えてもらい、店から店への紹介でハシゴするのがいつものパターンかな。

なぎら 最近のエリアはどこです?

太田 根津周辺が多いかな。あの辺りは本当にたたずまいがいいですね。

なぎら 路地なんか入って、暫くするとすがれた店なんかがあって、そうするともう至福の喜びですね。

太田 出るときには、今度はいつ来ようか、もう考えたりしてる。バーも行きます。

なぎら　やっぱり古いバーはすてがたいですね。濃密というか濃度がね。アタシなんか、たとえば銀座のバーに行っても同じようにがむしゃらに飲んじゃうから、えらい値段になっちゃうんですよね。

太田　五杯くらい飲みますか？

なぎら　五杯で済むんですか？

太田　えっ……!?（絶句）

——注文した青柳がテーブルに登場——

なぎら　うわ、甘っ！

太田　いただきます。北海道のって言ってましたよね。

なぎら　僕はすし屋に行くと必ずこれなんですよ、まずは。

太田　うまいっ！　すごく甘い！

なぎら　（店主に）この青柳うまいっすね〜。甘くて。

店主　ありがとうございます。その水管だけ湯通ししてあるんですよ。

太田・なぎら　ほお〜。

店主　身のとこは生です。分けないで食べるのがいいでしょう？

太田　繋がっているのがいいね。

店主　江戸前じゃないですけどね。

なぎら　じゃあ〝エゾ前〟だね（笑）。

店主　なるほど。うまいこと言いますね、今度使おう。

太田　なぎらさんは食べるものにもこだわりがありますか？

なぎら　ありますよ。というか要はこういう心遣いなんですけど、例えばこの青柳にしても、水管のところだけ手を加えるっていうね。普通に出せばそれでも済んじゃうものを、ちょっと手を加えるっていうのが、お客さんのことを考えてるじゃない。だけど、手を加えすぎてない。それで安く出すっていうのが魅力的だと思うんですよ。例えばほとんど出来合いで、ちょっと加熱するだけとかの食べ物って食べてておもしろくない。

太田　ははあ。「食べてておもしろくない」は、いい表現ですね。日本中どこへ行っても同じもの出されちゃおもしろくない。といって大間の本マグロです、ひと切れ三千円と出されても、これまたおもしろくない。主人はそこで何をしたんだと。大衆素材にひと手間加えておもしろくするのが、居酒屋料理の

なぎら　醍醐味じゃないですかね。

太田　俺が旨いもん出してやろう、ではない。お客さんに食べさせてやろうというね。料亭なんかの〝どうだ〟って、いうんじゃないのがいいんですよね。

なぎら　そう、それでは愛嬌がない。ご立派な話はおもしろくなくなるのと同じでね。おもしろがるのは必要ですよね。では、通りとか横丁はどうですか？　何に惹かれますか。

太田　街の迷子になるのが好きなんですよ。例えば、やっぱり下町らしく植木がツーッとあって、侘しいネオンかなんかがある……。そんで、開けっ放しのところから野球中継の音とか聞こえてくるともうたまらない気持ちになったりして。そんな通りを抜けていくとポンっと灯りがあったりしてね。いいな〜って思うんですよ。ほっとする、和む。ノスタルジアなのかもしれないけど。

なぎら　ノスタルジーは大切ですね。僕くらいの歳になると、酒の話題は、最近のことよりも昔話のほうがよく合うんです。

太田　実際そうなりますね。

なぎら　語るに値する過去があるというか、自分の蓄積ができてきたというか。「あの頃はおもしろかったな〜」と。一番つまんないのは「明日も頑張ろうよ、将来に繋がるから」。やめとけそんなの、ってね。

なぎら　その通り！

太田　昔の自慢話もいいんだ。証拠がないんだもの（笑）。居酒屋の会話を楽しむには、ある程度、人生経験がいるのかも。人生がわかったらおいで、ってね。

――居酒屋で大切なのは、お客さんやお店で交わされる会話や音

なぎら　昔ある店で座って飲んでいたら、ずーっと後ろに立ってるおじさんがいるんですよ。「何？」って聞いても「いやなんでもないよ」って。で、そこの店主と「早いね今日は」なんていう会話とかしながら、ずーっと立ってる。そこで、ああそうかと思って。「おじさん、いつもココ座ってる席？」って聞いたら「うん、いやいいよ、いいよ。気にしないで」とか言うわけ。で、また後ろに立ってしばらく飲んでるから、今度は何も言わずに席を横に一個よけたら、スッと座るんですよ。「ありがとね～」って（笑）。そこでは、常連は席がみんな決まってたんです。

太田　その席に座らないと、その店に来た気がしないんでしょうね。

なぎら　また会話が最高でね、L字型のカウンターで、みんなTV見てしゃべってるんですよ。で、世界中のいろんなニュースが流れてて、画面の話が変わるたびに文句やら専門知識やらが飛び交う。そこで、セーヌ川で1m50㎝だか、2mだかの鰻が捕れたっていうニュースが流れたんですけど、誰かが「あれ蒲焼にしたら何人前くらいになんだろうな」とか言っててね。そしたら別の人が「できねえよ」と。で、「ただ蒲焼にしたら何人前かって言ってるだけだろ」と答えたら、その人が「だから向こうにはよ、醬油はあってもみりんはねえから、タレができねえんだよ」と、もうワケがわかんない（笑）。

太田　ハハハ、それはいい飲み屋ですね、行きたいな。最近は個室居酒屋なんてのがあるらしいけど、居酒屋で個室入って何が楽しいんだと思うね。知らぬ同士がみんなで飲むからおもしろいのに。

なぎら　個室？　そりゃいけませんね。

太田　カウンターで隣客の話が聞こえたり、聞こえなくても、知らぬ同士の一体感がある。あれがいい。

なぎら　居酒屋で肝心なのは、そこでの会話、音ですよ。そこにいるときに聞こえてくる音。

太田 わかります。しかも居酒屋の居心地や雰囲気は写真に写らない。その店のよさは、そこに一時間くらいいて、ようやく見えてくる。

なぎら 観察ですよね。

太田 最初はこれおいしい、あれうまいと盛り上がるんだけど、そのうち落ち着くと店内を見回す。他の客を見たり、耳がダンボになったり。

なぎら アタシはある本のために、年間七百軒もの店を回ったんですよ。でも他の仕事も平行してたんで、一日で三軒とか回るんです。体壊しますよ。居酒屋もそうだけど、銭湯の取材も同じ。銭湯なんて、一日三か所回ったりしたら湯あたりしてしょうがない（笑）。

太田 取材ではすぐ出るわけにいかない。

なぎら 観察しなきゃなんない。その場の音とか伝えたいから。なんていうか、居酒屋と銭湯っていうのは、似てるものがあるんです。銭湯っていえばやっぱりそこでの会話や音が重要だし、あとどうしても入りたくなるような造り（外観）とかあるんですよ。そういう、そこでの会話とかたたずまいとか、こっちが求めるいろんなものが、似てるなと思っちゃう。

太田 どちらもいろんな意味で裸になる。

なぎら　お、上手いっすね。

――何も変わらないことの大切さ、それは不変の価値や信頼感

太田　居酒屋はあちこちハシゴもいいけれど、自分のベースになる店を持っていたいですね。

なぎら　でも通い続けていた、すがれててよかった店がたたずまい変えちゃったり、場所変えちゃったりすると、どうも居心地がよくないってのはありますよね。たぶん我々のワガママだと思うんだけど、でも居酒屋は不変であってほしい。

太田　それは、よーくわかる。

なぎら　昔ながらの古いたたずまいっていうのは、もう無理かもしれないけど、たとえば今はまだ建って十年とかの店でも、将来ずっと続けていれば、様子のいい居酒屋になるかもしれない。それが二十年前に作った店なら、今の三十代、四十代に対して、不変の店になり得るじゃないですか。

太田　そうですね。今、世の中の変化が激しく、半年前の流行はもう続かない。そういうのを見ていると、不変の価値が一番大事だと思う。不動の信頼感。

なぎら　信頼感ね。居酒屋は信頼感ていうのが確かにある。

太田　居酒屋は、たたずまいも味も変わらない信頼感が求められていると思う。町中に寺や神社があると落ち着くのは、信仰心もあるけれど、変わらぬものがそこにある安心感じゃないかな。

なぎら　上手ぇこと言うなぁ。

太田　それを求めたいから、居酒屋もどうか長く続いてほしい。そこに自分の人生を重ねられるような。よく、故人はどこそこの鰻をこよなく愛した人で、とか言いますが、そういう店を持つのは人生の楽しみになる。不動の、心の拠りどころとして。

なぎら　どっちもいずれは墜ちてゆく、朽ちてゆくんですよ。その中で、新しい世代が出てほしいんです。そんで、それを愛する人がまた出てほしいと。

太田　名言。

なぎら　今日はわれわれの名言がいっぱい出ちゃったね。でも参ったな〜、エンジンかかってきちゃったよ。すんません、焼酎もう一つ！

（徳間書店発行「食楽」二〇〇五年十一月発行より引用、東京恵比寿「さいき」にて）

「居酒屋上手」のススメ／安西水丸

イラストレーター。挿絵、小説、漫画、絵本、エッセイ、装丁など分野を横断して活躍した。二〇一四年三月没。

――今日は居酒屋にまつわるお話を、よろしくお願いいたします。

安西　この前、仕事で島根の浜田に行ったら、びっくりするものに会ってね。……何かというと、木口小平の銅像。日清戦争で死ぬまでラッパを離さなかった人。

太田　えっ、安西さん、銅像好き？

安西　うん。いま雑誌で銅像巡りをやってる。

太田　僕も銅像マニアなんですよ。偉人の銅像。裸婦なんかの芸術はつまらないけど。

安西　そうだね。僕がオーソドックスでいい銅像だなと思うのは（略）

太田　僕の日本三大銅像は、高知の坂本龍馬にはじまって（略）

安西　僕は山形の最上義光《もがみよしあき》。馬に乗って刀がパッと光ってるやつ。それに（略）

（熱燗三本ぶんの会話省略）

太田　……そうなんですよ。銅像は英雄偶像崇拝で、いちばん大事なことは尊敬の念が込められているかどうか。観光目的や変にデフォルメしてるのは面白くないんだよね。それと台座の文章のアナクロニズム。皇国史観。これがいいんだな。安西さんとは長いつき合いだけど、銅像好きとは知らなかった。

――銅像はさておき、居酒屋のお話を……

安西 うん、確かに坂本龍馬の銅像はいいね。

太田 銅像はでかいほどいいですからね。高知は銅像が多い町ですよ。……銅像のある町はいいなあ。僕はほんとうに銅像が好きで、どこへ行っても見つけると立ち止まり、まず彫刻としての完成度を見て、それから……

――なるほど。ということは、旅行されたとき、昼間は銅像巡りで、夜は……

安西 居酒屋巡り（笑）。

太田 安西さんの好きなタイプの居酒屋はどんな店ですか？

安西 自然に古くなって、昔から正直な商いをしているような、そういう店がいいな。

壁にその日のメニューがいっぱい貼ってあって、台所も相当使い込んであって。ちょっと引き戸が軋むぐらいの古さがいい。

太田 僕はよく「いい酒、いい人、いい肴」というんだけど、酒や肴の味より店が古いことのほうが大切ですね。極端な話、店が古ければ酒、肴は並以下でもいい。古い建物を味わうのも居酒屋の楽しみだから。

安西 すごい雨が降るとガード下で飲みたくなったり、大雪の日にわざわざ飲みに出かけたくなったりすることってあるでしょう。「やつれ酒」っていうのかな、そういう雰囲気を味わわせてくれる居酒屋がいいですね。

太田 いいですねぇ。たしかに落魄とか漂泊の気分を味わうために居酒屋に入る、というところはありますね。「もう今日は駄目だ。酒飲んで寝るしかねえや」なんてね、それこそ雨ん中傘さして行く。

安西 今の季節だよね。ちょっと寒くて。

太田 そうそう。鼻水が出てたり(笑)。ご苦労様なことだけど、落魄を楽しむ落ちぶれ趣味とでもいうのかな。

安西 ほんとの酒飲みって、どこかそういうところがあるよね。

太田 市井に埋没する、そのよさを味わえるのが居酒屋だと思いますね。……あ、燗

安西　酒もらいましょう。居酒屋では座る場所も大事だよね。なるべく目立たない方がいい。僕は混んでなければ二人がけの小さなテーブルに座って、ほかのお客を観察している。一歩引いて店内を見るかんじ。

安西　僕はやっぱりカウンターが好きだな。カウンターの隅っこでおとなしくしていて、注文のときぐらいしかしゃべらない。

太田　そう、とにかくおとなしくしている。

安西　ボーっといろんなこと考えたり空想したりして。それで結構時間がつぶせる。「あのときはこんなかんじだったな」とか。「あのときあいつにこんなこと言われたな」とか昔のことを思い出して、急に怒りたくなったり（笑）。

太田　居酒屋で一人ボーっとするよさ。一人で居酒屋に行くのは相手がいないからじゃなく、積極的に一人になりたいから。居酒屋は男が一人になれる場所なんです。

安西　僕のこと無口だと思っている店、多いんじゃないかな。

太田　別の日、人を連れてきたら、しゃべるわしゃべるわって（笑）。

安西　女の子と一緒のときなんか特に。

太田　でもね、一人で来てじーっと黙って飲んでいるのが常連なんですよ。よく常連

安西　ぶって店主に「ヤマちゃん」とか声かけてるのがいるけどあれは偽物だね。

太田　「なんとかちゃん来てる?」とかね。いやな言葉だ。

本当の常連は黙って飲んで切り上げが早い。その代わり毎日来る。毎日来るからしゃべることがないんだけどね(笑)。主人と常連客の無言のやりとりを見てるとほれぼれするね。なんでほれぼれかわからないけど、阿吽《あうん》の世界なんだな。

安西　でも僕は切り上げがわりと早くないんだよね。ついつい……。

太田　実は僕も(笑)。

安西　寿司屋でぐだぐだ飲んじゃいけないというけど、飲んじゃうもんね。出るときには単なる酔っぱらいになってる。

太田　お互い修業が足りないんだなあ。

安西　ほんとは野暮なこととしてるんだよ。でも、自分のことは棚に上げるというのも居酒屋の飲み方だよね(笑)。

太田　毎日同じ店にはあまり通えないので、たまに寄るととことん飲んで楽しみたい、となってしまう。欲深いというか意地汚いというか。

(燗酒とどく)

太田 最近みんな冷や酒になったけど、燗の酒を飲んでほしいな。

安西 賛成だね。燗酒はいい。自分でも少しぬるめの燗酒を作るけど、うまいよね。

太田 僕は燗酒同志会というのを旗揚げしたんだ。通称「カンドー」(笑)。

安西 燗酒を頼むといやな顔をする店があるよね。燗をしないという店は「うちはいい酒だから燗しないんだ」という意味でしょう。それってちょっと……。

太田 それは二流の店ですね。燗酒を頼むと「なーんだ」という顔をする店は。

安西 いい酒は燗しないものだと決めつける考え方が、僕は駄目だ。

太田 埼玉の名酒「神亀」の蔵元でさえ吟醸酒を燗で楽しんでいるんだから。燗するとその酒の力が全部出る。逆に欠点も出るんだけど。それと、燗酒にはぐい飲みではなく盃がいいですね。

安西 ああ、なるほど。

太田 ぐい飲みは深いから飲み干すときあごが上がっちゃって、貧乏くさいんだ。あれは戦後貧乏文化人の民芸趣味だろうね。

安西 僕もぐい飲みを使っているけど、確かに盃って、持って口に運ぶまでの風情に千代の富士が横からシュッと塩撒くようなかっこよさがあるね。形からして優雅だし。

太田　盃こそ昔からある日本の正しい酒器。もっと普及してほしいね。ほぼ日本中を回ってみたけど、人里あるところ酒屋や居酒屋がない土地はない。人のいるかぎり酒の匂いがある。忘れられたような街に古い居酒屋を見つけると宝物に出会ったような気分になりますね。

安西　うん、そうそう。

太田　いい居酒屋は、かつては繁華街だった通りに多い。今の繁華街は駅前なんだけど、昔はあっちのほうが賑やかだった、とか。そういう小路の奥にぽつんと居酒屋の灯りがともっている。それが僕の世の中でいちばん好きな眺め。……吸い込まれるように入っていってしまうんだなあ。

安西　僕は武家屋敷がちょこっと残ってて町人町があってという三万石ぐらいの城下町の、なんだかいかがわしい花街界隈をぶらぶら歩いて店を探すのが好きだな。

太田　そういう所になかなかいい店があるんですよね。

安西　僕は一人旅が好きで、それは何が楽しいかというと、一人で夜酒を飲めることなんだよね。夜、居酒屋探して飲んで、ホテルの部屋に戻ってバタンと寝ちゃう、あのかんじ。

太田　本当に旅に来たと実感するのは旅館でも温泉でもなく、居酒屋のカウンターで二本目を飲んだ頃かな。居酒屋はその土地の雰囲気がいちばん味わえる。料理屋は食べ終えたら出なくてはいけないけど、居酒屋は酒さえ頼んでいればいつまでもゆっくりできる。そこがいい。反対に旅先で「この町の一番の高級料理店はどこ」と聞くのはバカだね。旅の酒を味わうには大衆酒場が一番ですよ。

安西 帝国ホテルに泊まってる外国人も有楽町のガード下でわざわざ飲んでる。

太田 そう。

安西 地方のタクシー運転手に聞くと、教えてくれるのは大きい店なんだよね。

太田 タクシーはあまり当てにならない。だって夜は仕事で酒は飲まないから。

安西 夜、宿から出て勘を頼りに飲食街をうろうろ歩き、よさそうな店を探すでしょう。気になる店の前を何度も行ったり来たりして「ここじゃないかな」と思ってパッと飛び込んで。

太田 賭けですよね。旅先の店選びは。

安西 それが当たったときのうれしさってないよね。「今日は失敗したな」というときもあるけど。

太田 だいたい打率二割だなあ。いい店に当たるのは。

安西 外れもまた楽しいけどね。

太田　違うなとおもったらパッと出る。それでまた辿り辿り歩いて、地元の人で賑わっている渋い居酒屋が見つかると「これだ」と腰をすえ、ゆっくりする。「みんな何で飲んでるのかな」なんてね。

安西　メニューに地元の人しか知らない肴が三つぐらいあって「これは何ですか」と店の人に聞く間合いを計ったりなんかしてね。またこの尋ねるということが、自分はここの人間じゃない、というのがあったりして。

太田　そういう楽しみは名物料理を看板にしている店よりも、普通の居酒屋にさりげなくある名物を見つけるほうがおもしろい。

安西　僕は「この店だ」と決めて入ってメニューを見たら、まずここの主人は何に一番力を入れているのか見きわめる。それでおいて、なん品か当たり障りのないものをまず頼んでおく。それからグイッといくと「このお客さん、うちの店をわかってくれてるな」と、思われているような気がする（笑）。

太田　ハハハ。「なーんだ」と思わせといて「ん?」か。だからどうということもないんだけど、少しは力を入れて作ってくれるかもしれないな。

安西　でも、一気にいくときもある。この店は最初に言っといた方がいいなというとき。

太田 言っといたほうがいいって、何がいいわけ?

安西 この主人は遠回しに言うより一気にいいものを頼んだほうが喜びそうだなというかんじがあるとき。そのへん臨機応変にしてる(笑)。

太田 ハハハ、臨機応変。居酒屋は一人で入ってもすることがいっぱいあるから楽しい。

安西 旅の楽しみの一つは居酒屋だもんね。

太田 僕は地方に行くとまず昼間にきちんとロケハンしておくんです。タクシーの運転手に繁華街の場所を聞き、その通りを隈なく歩いておく。それからホテルで一度休み夕方あらためて出てゆく。どうせ酔っぱらって寝るだけなので、宿はビジネスホテルでじゅうぶん。

安西 僕はガイドブックを見ないで旅に出るから、到着するとまず観光案内所で無料の街の地図を貰うんです。それをじーっと見て、店の印が集まっているところが繁華街だなと見当をつけて出かける。だからその地図は僕にとってすごく重要だな。酔っぱらってなくしたら困るから三枚くらい貰うときもある(笑)。

太田 初めての街で酔っぱらうと東西南北わかんなくなるもんねぇ。

安西 居酒屋じゃないけど、地方都市にはなんでも出す食堂がよくあるでしょう。そ

太田　んなところで焼いたイカとかコロッケなんかで飲んでる人がいる。あれ、僕嫌いじゃないいんだ。

安西　食堂で飲むのはなかなかオツですよ。

太田　地元の人が「今日の浜田高校は……」とか高校野球の話なんかしてるの聞きながらおとなしく飲んでるのって、好きなんだよね。

安西　うん。耳そばだてると、キナ臭い話してたりね。

太田　女房の愚痴とか仕事の愚痴とか。

安西　一人旅の一人酒は地元の客の話を聞いてるのが面白いんだよね。その間だけでもその町の人間になったような気になれる。

安西　でも、わざわざ遠くに行かなくても、例えば都内だったら、ちょっと外れて戸越銀座とか大井町なんかで飲むと楽しいですよね。旅行した気分になるもの、知らない街の居酒屋にいると。

太田　ほどよい場末感というのかな、落魄とか漂泊の気分がわいてくる。

安西　ほんと、やつれ酒に尽きるね。

安西　しかし、日本に日本酒があってよかったと思うな。僕は「酒」といえば日本酒のこと。酔い心地もいいし。「日本酒は飲み過ぎるからいやだ」という人がいるけど、いいじゃない、飲み過ぎたって(笑)。ワインワインていうけど、もっと日本人はちゃんと日本酒を飲むべきだと思うね。

太田 日本酒は、例えば秋田県由利郡の酒です、と言われればなんとなく風土の見当がつくじゃない。ワインだと僕にはそれがない。「やっぱりなー。秋田の味がする」とか、何がやっぱりなのかわからないけど、それなら秋田のハタハタを肴にしようとか、ストーリーができ上がっていく。これがいい。

安西 楽しいよね。

太田 ワインがうまいといっても、うまいだけで終わっちゃうんだよね。

安西 フランスに十何年も暮らしていてワインに親しんでいたとかならわかるけど。

太田 日本人は米のうまさを知っているから、ワインよりも味の理解度が全然違うと思うんだけどね。

安西 太田君、焼酎は?

太田 本格焼酎を最近よく飲むね。

安西 焼酎って奄美大島とか、不思議と島のがうまいね。

太田 なるほど、それは名言だ。焼酎はこれからもっと伸びると思うよ。焼酎はオンザロックでよし、お湯割りでよし、自分のペースで自在に飲めるからこれからの高齢化社会に……なんかつまんない意見になってきたぞ（笑）。

安西　焼酎も日本のいいお酒だよね。

太田　日本酒と焼酎は国酒です。

安西　外酒は駄目。だんだん攘夷になってきたぞ（笑）。

太田　ハハハ。皇国史観。銅像と一緒だ。オーイ、もう一本。

——もうカンバンのようですけど。

（「小説宝石」一九九九年二月、銀座「はち巻岡田」にて）

いい酒場って何だ？／佐藤卓

日本を代表するデザイナー。パッケージやシンボルマークのほか、アートディレクターなど活動は多岐にわたる。

佐藤　お久しぶりです。今日は楽しみに参りました。

太田　僕もです。この小上がりに座りましょうか。ここが僕の定位置です。

佐藤　（店を見回して）いいですねえ、この店の佇まい。

太田　この店には、よい居酒屋の要素がすべて詰まっているんだ。

佐藤　今日はいろいろ教えてください。今回のお題は「いい酒場って何だ？」ということで、太田さんの考える、いい居酒屋の条件から伺いたいな。

太田　まず路面店であること。木造一軒家で二階に人が住んでいればベストです。住処であれば大切にする。路面店であれば、飲んで外に出たらすぐに風が顔に当たる。このアウトドア感がいい。そうすると気持ちよくなって、ついもう一軒となる。逆に、ビルの中の店はワンランク下がる。

佐藤　ははあ、なるほどなあ。

太田　そして清潔感と粋。店の周りを清潔にするのは一番大切で、まず打ち水すること。

佐藤　初めて入る店は、そういう佇まいで選ぶんですね。

太田　そうだね。これができていると、きちんとした仕事をする店かな、と期待するね。杉玉の酒林《さかばやし》が下がっていると「いい酒が置いてあるかも」、赤提灯があると「安いかもしれない」と予想する。あとは玄関周りだね。玄関戸を半分くらい開けたり、暖簾三枚の真ん中だけめくり上げている店は、迷ったらちらっと中を覗けるのがいい。

佐藤　僕みたいに、初めての店の前で二の足を踏む気持ちも、そこで受け止めてくれているんだ。

太田　そう。「覗いて決めてください」と。バーは閉鎖性が大事で扉を重くするけれど、居酒屋はその反対。

佐藤　夏場とか、屋外に机を並べて飲んでいる店もいいですね。

太田　あれは格別で、中が空いていても外で飲みたい。それには立地が重要で、大型トラックがビュンビュン走っているような大通りではなく、やはり横丁。あんまり車が入って来ないのが安心感だね。

佐藤　ここ「タキギヤ」は鉤手《かぎて》の道にあって、通る車もスピードを落としますね。

太田 しかも目の前が公園なので、酔い覚ましもできるという、まさにベストの立地です。

佐藤 勉強になるなあ！ 僕、遅ればせながらやっと、居酒屋にこの国の文化があることに気がつきはじめたんです。アートディレクターの大先輩である太田さんが、なぜあるときから居酒屋に傾倒し、心を惹かれていったのか、若造の頃はよくわからなかったんです。でも年齢とともに腑に落ちて、太田さんの凄さを感じています。「本音で居心地がいい」ところが居酒屋にはありますね。でも「本当に居心地がいい」ってなんだろうって、最近よく考えるんです。デザインという言葉がまだ日本に入って来る前の、この国の本来のデザインのよさが実はあるというか、語られていない部分が居酒屋にはありますね。

太田 年齢とともに見えて来たというのは、言い得て妙だね。僕も、ただやみくもに飲んでいただけではないのだよ。デザイナーの目を忘れたことはないのだよ！ オホン（笑）。

佐藤 デザインというと、綺麗とか新しいとか、洗練、機能的、便利とかのキーワードがあるけれど、ほとんどそうじゃない部分が居酒屋にはありますね。丁寧に掃除されながらも、時とともに色が褪せていたり、汚れとか傷とかがあって、

太田　そういうのが心地よさに繋がっていますね。そうだね。店の空間づくりは、居酒屋の要。居酒屋の〝居〟は居心地の〝居〟で、それをつくるのは空間だから。間取りや内装は一度つくったら変えられない。だから最初が大事。僕は長年、居酒屋に通い、繁盛している店の黄金のレイアウトを発見したんだ。

佐藤　うわーーっ！　知りたい‼

太田　（レイアウトを描きながら）L字カウンターがあって、四人がけ机が二つと六人かけの大机。奥がトイレ。これです。四谷の「ととや」はこの間取りで、ここ（タキギヤ）もほぼ同じだね。

佐藤　さすがだなあ。ここまで言い切れる人は、世界に一人だけですよ！

太田　ポイントは、店の主人が常に店全体を見渡せること。逆に、客は常に主人を見ていられること。注文はアイコンタクトででき、酒がなくなったらこうすればいい（と、徳利を上げる）。通の客は最後まで一言も発しない。だからこれが究極。

佐藤　おもしろい話だなあ。

太田　そして、椅子がけの机席よりも小上がりが上位にある。ゆっくりやろうよというときは、履物を脱いで、あぐらをかきたいでしょ。この店の小上がりはやや幅が狭いから、男二人で一献とか、好きな彼女と親密にというときにちょうどいい。

佐藤 こうやって壁に寄りかかることもできるし。

太田 そうそう。もう一つ大事なのは、主人と客の目線の高さが同じであること。主人と客は見上げても見下げてもいけない。対等の位置にあるのが条件。それを大阪の「明治屋」で知ったんだ。バーも、カウンターが高くて椅子も高いでしょう?

佐藤 そんなところまで……。

太田 が、基本編。

佐藤 ひええ。これから居酒屋をつくる人はハードルが高いぞ。

太田 この店の小上がりは、板の間に座布団ってのがいいね。

佐藤 そうですね。古い居酒屋を譲り受けたんですね。

太田 変えたのは正面を板壁にしただけで上手だと思った。木を見ていると落ち着くじゃない。白眉はこの床で、床材を剥がして現れた生地をそのままにしたのが大正解。どうです、このアブストラクトなトーン、色つや。名跡の三和土《たたき》にも、

佐藤　これはつくろうったってできませんね。だってもう、素材すらわからないもの。これだけのものはない。

タキギヤ店主　床を褒められたのは、太田さんが初めてです……。

佐藤　時間にしかつくれないものって、本当に貴重ですよね。

太田　さらにすばらしいのは、小上がりに置いた浄水入りの大ヤカン。暖簾を出してこれを置くと、店がはじまる。店内にこういうアイコンを置くのはよいアイデアと、つくづく感心した。

佐藤　確かに、ヤカンを置いているのは珍しいですね。

太田　居酒屋のインテリアは、バブル経済の頃は気鋭のデザイナーによるスーパーモダンが流行。バブルが弾けると、古民家ならまだしも、貧乏臭くすればするほど客が入る不思議な時代になり、デザイナーは不要になった。それは「心のよりどころ」だね。ピカピカのオフィスやデザインされた街並みにいても、どこかこれは本当ではないという不安がある。その気持ちが人間臭い貧乏感の安らぎとなった。しかしそれもマンネリ化して、今は古い戸障子、笠電灯や欄間《らんま》をモダンインテリアに当てはめる店づくりが潮流だね。神戸の「酒商熊澤」や東京・清澄白河の「ｂｏｔａｎ」、根津の「たけもと」もいいね。貧乏のもつ人間味を経由した結果、「ノスタルジー」が居酒屋に最も大切と昇華してきたんだ。そのノスタルジーこそ、「居酒屋の美学」です。

佐藤 時を経てきたものに囲まれていると、お酒や肴がおいしく感じられます。おいしさの表現のことを「シズル感」と言いますが、それはつまり唾液に繋がる表現ということ。唾液は本能的なものだから嘘はつけない。そこに本質的なものを感じます。

太田 この間、新宿ゴールデン街に行ったら、欧米人がいっぱいで驚いたな。あの猥雑さが人気で、彼らの顔が輝いている。酒場横丁が、日本の文化を見せる場所になっている。

佐藤 彼らが日本の居酒屋・酒場文化を本能的にわかるように、僕らも国境を越えて、海外の酒場文化を楽しめますね。例えばロンドンのパブは様式が定まっていて、文化が色濃く残っている場だなと感じます。

太田 大衆が自然に生み出し、洗練させてきた美学は、いろいろな美学の中でも最高の価値があると思う。パブや居酒屋も同じ。デザイナーでは到達できない、普遍的な完成度に至っている。

佐藤 ある意味、自然や必然が生み出したもの。長い時間をかけて醸成されて来た美

太田　学ですね。先月ウィーンに行って、改めてウィーンの酒場のすばらしさを体験してきたばかり。庶民が酒を飲む場所に共通したデザインが生まれ、育まれてきたんだと。その洗練を見ました。

――そろそろ「タキギヤ」の酒肴がカウンターの大皿に揃ってきました。つまみながら肴の話をしましょうか。

太田　さあ、何を注文しようか。居酒屋の品書きは、定番料理は壁に短冊、季節のものは黒板が基本。加えて、その店の名物定番をつくる。多いのは豆腐だね。居酒屋の豆腐はだいたい温奴《おんやっこ》。昆布だしで温めておき、注文が入るとからしをペタッとぬって、ねぎと鰹の削り節をのせて出す。

佐藤　説明だけでもおいしそう。

太田　ちなみに日本三大居酒屋豆腐は、盛岡の「とらや」、横須賀の「銀次」、伊勢の「一月家《いちげつや》」。これらは、常連がみんな注文するので、名物定番とわかった。皆さん揃って「豆腐とビール」。ははあ、これだな、と。名物定番は、うまくて、安くて、飽きなくて、すぐ出るものなんです。

佐藤 知らない土地で居酒屋に入る勇気が出てきました。まずは名物定番を探せ、と。

太田 まぁね（笑）。料理名がわからなくても、「今のアレ、僕も」と言えばいい。

佐藤 慌てることはないんですね。

太田 そう。常連が頼むものはうまいに決まってる。そういう名物定番を持つのは、居酒屋商売で大切なことだね。

佐藤 地方の居酒屋を訪ねる場合は、どんな土地をめざすんですか？

太田 居酒屋は都会のものでね。都市がある程度大きければ、無名の人間になって街を徘徊し、知らない居酒屋に入れる。自由な精神というのかな。昭和初期に個人が確立されてきたのと同時に、料亭とは違う庶民でもふらりと入れる居酒屋ができてきた。それが醸成されて、主人も客も二代目三代目となる。いい町にはそういう歴史ある居酒屋があるね。歴史と民心が安定している城下町には多い。そういう店にそっとお邪魔して、その町の気風を感じるのがいいんだ。

佐藤 お店とお客さんとの適度な距離感は、都市ならではなんですね。

太田 そうそう。そういう個人主義が大事にされるのが居酒屋のよさだね。

佐藤 常連客がいながらも、初めての人も受け入れてくれる懐の深さもありますね。

太田　それが都会のマナーで、都市生活が成熟している証だね。こうなるには時間がかかる。

佐藤　つくろうと思ってできるものじゃない。だからこそ貴重だし、大切ですよね。大人になるほど、いい居酒屋とは関係の中で生まれてくるみたいなものがある。大人の都市に名店あり、ですね。

太田　盛岡、高知、福岡、長崎あたりは屈指の居酒屋都市だね。時に、佐藤さんは居酒屋に行くの?

佐藤　僕はちょっと食べてから、だいたいバーに行きます。仕事場の近くの「三州屋」はしょっちゅう行っていて、僕は食堂だと考えていたんですが、あそこは居酒屋ですか?

太田　あそこは、居酒屋の模範といえるすばらしい店ですよ。

佐藤　「三州屋」は昼もよく行きますね。〝鳥豆腐〟なんてもう、給食みたいに食べています(笑)。

太田　あそこは最後のお茶もうまいんだ。同じ銀座二丁目の「みを木」は行った?女将は芸大出身だから、あなたの後輩だな。いい店だよ。

佐藤　よし、行ってみよう。最後に太田さん、居酒屋における「いいお客」ってどんなお客でしょう！　僕は自分が食やお酒について知らないことへの恥じらいがあって……自分が恥ずかしいことをしていないか、つい気になってしまいます。年とともに、その気持ちは薄れてきましたが、居酒屋や酒場は敷居が高いと勝手に感じていて。

太田　今でも？

佐藤　そうですね。今でも、少し。

太田　喫茶店と同じと思えばいいんですよ。この店は違うなと思ったら、ビール1本で出ればいい。いい店と感じたら、日をあまり空けずにもう一度行く。それからね、常連になりたいと思ったら主人と会話する。ポイントは褒めることだけど、いきなり褒めるのもなんなので、返事のしやすい質問をする。「これはなんですか？」「イワシの梅煮です」「あ、おいしいですね」って。これです（笑）。

佐藤、タキギヤ店主　（笑）

太田　店の人も料理の感想を聞きたいはず。酒の肴がコミュニケーションのきっかけには一番いいと思う。逆に「これイワシの梅煮だね！　煮るとき酒を入れるといい」なんて知ったかぶりは厳禁。ヒマなオヤジに多いんだ（笑）。

佐藤　確かに、気に入った店からは好かれたい。

太田　そうするうち、常連の末席に加えてもらえる。別のアプローチを取らなきゃいけないのは美人女将で、インテリ風に軽くため息なんかついたりしているんだけれど、こちらはちっとも効果がないんだよ（泣）。

佐藤　ハハハ。相性のいい居酒屋に入ると、自分が無になれて、輪郭がなくなるような感覚がいいですね。

太田　うまい！　その表現。居酒屋は、心が裸に正直になれる場所。干渉のない居心地のよさが洗練だね。

佐藤　「心地」って、全身で感じるものですね。それにしても今日はお酒がおいしいなあ。

太田　じゃ、もう一本。さあ次は何にしようかな……。

（「dantyu」二〇一七年七月、荒木町「タキギヤ」にて）

特別企画

蒙御免！　大東京令和居酒屋番付審議会

出席　野見杉太郎　　行司　陸津　悠
　　伴　釈也
　　呉　佐計雄

陸津　十七年前、雑誌「東京人」でやった平成場所以来の新番付、令和場所です。よろしくお願いいたします。
野見　引退した店も多いね。
伴　和（なごみ）、可わら、とみ廣……。
呉　しかし新しく台頭した店もある、この辺を重視したいな。
野見　行司さん、基準は？
陸津　いい酒、いい人、いい肴、に加えて歴史も重視。
伴　時代を越えて続く居酒屋遺産を評価するのも、大切ってことだな。
呉　そうなると東西横綱は？

野見　それはやはり「鍵屋」と「伊勢藤」だろう。

伴　「鍵屋」は酒屋としての創業は安政三年。やがて店の隅で飲ませ始め、戦後から居酒屋専門の歴史の重み。しかも昔からの品書きも変えない一徹さ。

野見　「伊勢藤」の囲炉裏をかこむ戦前からのたたずまい、折り目正しいお燗の所作。噺家なら桂文楽。

呉　どちらも基本は燗酒というのもいい。

陸津　東京らしい居酒屋に案内しろと言われたらここですね。では大関。

野見　「シンスケ」と「江戸一」でどうだ。

伴　余計なものは何もないきりっとした東京の美学で筋を通しているのが「シンスケ」。相撲と落語がよく似合う。噺家なら志ん朝。

野見　「江戸一」のコの字カウンターこそ練達の飲み師が通う場所。ここで無念無想になるのは、しびれるような居酒屋タイム。常連度は最も高いんじゃないかな。

陸津　では、関脇は？

野見　建物的居酒屋遺産を言うなら「みますや」と「赤津加」でどうだ。

呉　おお、これはいいな。創業明治三十八年「みますや」は、居酒屋としての創業は東京最古。今の建物は震災後の昭和三年。堂々たる看板建築はみごとだ。

伴　でありながら大衆酒場をしっかり守る。どぜう丸煮、こはだ酢、にしん棒煮などは東京らしく、今や東京居酒屋の守護神と言おう。

野見　一方「赤津加」の白壁にかこまれた総二階のたたずまい、葭簀《よしず》の天井、黒豆砂利洗い出しの床、自然木のくねくね柱などは神田の粋な俠気そのもの。

呉　メイドカフェいっぱいの秋葉原にある意外感もまたな。

陸津　納得です、あげるべき店が並びましたね、では小結。

野見　三役小結という位置が難しい、つまりいずれは大関横綱を狙うと。

伴　実力＋歴史だね、「金田」はどうだ。

呉　おお、いい。山の手自由が丘にあって昭和十一年開店。気骨ある先代は、酔って乱れる客を嫌い、いつしか金田酒学校とよばれるようになった。

野見　あの値段であれだけの肴を出すのは偉い。山口瞳、伊丹十三など客筋もよく、いずれ横綱だな。

陸津　では西方は？

伴　「山利喜」だろう。創業大正十二年。今の三代目主人はフランス料理をマスターして店を継ぎ、絶品の煮込みで下町にワインも根づかせた。

呉　東京三大煮込みね。オレは新館カウンターで焼きトン燗酒だな。

陸津　さて以下は前頭ですが、筆頭には新勢力を据えませんか。

野見　そうしよう、ここ何年で最も安定した仕事ならば「樋川」かな。

伴　いいとこ突くね。新興勢力は山の手私鉄沿線にあり。最先鋭の酒を揃え、三浦半島の刺身はもちろん絶品の小アジ唐揚げ土佐酢かけなど安定した仕事で、落ち着いた山の手の上客がついている。

呉　酒担当の奥様も美人だし。

陸津　では筆頭相方は？

伴　「タキギヤ」はどうだ。

野見　おおいいところに気がついた。ここ何年の開店ではダントツ。時代小説に出てくるような夫婦居酒屋がさわやか。

伴　酒もみごと、新勢力の特徴は酒の品揃えが完璧なことだね。

呉　奥様も美人。

野見　キミはそればかりだね。

呉　新勢力の特徴は奥様が美人。

野見　歓迎するヨ。

陸津　まあまあ、前頭まで来ましたからちょっと休憩しましょうか。

野見　オレ、ビール、生。

呉　オレは日本酒。くれ、酒を。

伴　自分の名前言うな。俺は熱燗、「秋鹿」にしてくれ。

主人　はいただいま、本日のお通しは、玉子黄身の味噌漬けです。

野見　おお「貧乏人のうに」ってやつだな。

伴　飲みすぎるなよ。

野見　名前のあてつけかよ。まあいい。ぐいぐいぐい、プハー……。

陸津　おいしそうに飲みますね、では飲みながら続けましょう。前頭はあまり順序をつけず、似たタイプの東西対抗でいきますか。

野見　ではまず「神田新八」。「神亀」をはじめ酒料理の引き立て合いを考えて、うるさ方の信用が厚い。ここに対抗はどこだ。

伴　「田中屋」はどうだ。やや都心を離れた千住大橋にあって、足立市場の意地にかけた魚と精鋭の酒。息子に親方をゆずった一徹な父のまなざしはこれぞ下町の良心。都心から出かけるファンも多く、絶品は平貝、トンカツがまた……。

呉　説明がながいね、好きなんだ。では「笹吟」。高級住宅地・代々木上原に酒と料理を等分に楽しむ店として開店以来、明るいインテリア、飲みやすい吟醸酒、洗練された創作的肴で、味と雰囲気とコスパにうるさい女性陣をがっちりつかみ、今や大人気。その後の居酒屋の模範となった……。

伴　説明がながいね。その対抗馬なら、そうだな「酒とさか菜」はどうだ。

野見　そうきたか、あそこはいい。道玄坂から奥渋谷に越して以来、しっかり腰が据わって、静岡出身主人がのびのびと腕をふるう毎日のメニューの楽しさ。

呉　酒に熱心な美人奥様が、また気さくでいいんだよ。

野見　キミはそればかりだね。

呉　だってほんとだもん。来ている崩し着物がまた……。

陸津　わかりました。居酒屋の楽しみもいろいろですからね。あとランダムに。

伴　「佃喜知」対「第二力酒蔵」。

野見　銀座対中野、考えたね。どちらも酒よりは豊富な肴が売り。銀座一等地の居酒屋「佃喜知」は大人気で四時半から客が来る。青柳みそ叩きが好きだな。

伴　「第二力酒蔵」はカウンターも椅子席も小上がりも座敷も自由自在。午後二時開店にもう客が来て宴会。こちらはかつお叩きだ。

呉　同じ趣旨で「魚竹」対「有いち」。築地対荻窪。

野見　「魚竹」はいいね。カウンターだけの小さな店だが、寡黙な兄弟の誠実一途な

呉　仕事はほんとに清々しい。黒板の先週の注文ベスト5が注目だ。荻窪「有いち」はきちんとした料理居酒屋がなかった中央線沿線に、修業が人形町の名料亭「きく家」だから腕は絶対だ。ああ行きたい。

陸津　忘れている老舗はありませんか？

伴　あるとも、「岸田屋」対「斎藤酒場」。

野見　これは名勝負。月島「岸田屋」は三十年も前に太田和彦さんが書いて以来、今や大衆酒場の聖地。十条「斎藤酒場」も、戦後から全く変わらない店に新潟から通うファンもいる。

呉　どちらも昭和居酒屋遺産まちがいなし。いつまでもこのまま残ってほしいな。

陸津　少し都心を離れましょう。下高井戸「まきたや」。

野見　あそこはいいね、商店街のはずれで、じっくり腰を据えて名酒を愉しむ。

伴　外に本日の品書きがあるのがいいんだ。

呉　なら、三軒茶屋「うち田」はどうだ。あれほど肴に熱心なところはない。

野見　お母さんが届けてくれる煮物のすばらしさ。

陸津　場所かえて浅草あたりはいかが。

野見　いい指摘。浅草なら「志ぶや」「ぬる燗」で決まりだな。

伴　「志ぶや」はお母さん、息子、美人嫁、ながい手伝いのおばさんの家族の温かさがうれしい。江戸前らしいきりりとした肴の数々に、毎日来る常連多し。

呉　観音裏「ぬる燗」は、浅草を愛してやまない主人・近藤謙次の気っ風に女性ファンも多い。小さな路地の風情もたまらなく、彼女を連れてくならこういう店。

野見　彼女を連れてくことばかりだね。

陸津　忘れてるところはありませんか？

呉　忘れてるわけじゃない、あえて九枚目の位置に、近来できて最高の店を選んである。「高太郎」と「沿露目《ぞろめ》」だ。

野見　いいね！　どちらも今東京でもっとも勢いのある新店だ。

呉　「高太郎」は名酒、洗練された料理、モダンな内装、感じのよい主人と、渋谷で大人が行ける最も予約のとれない店になった。しばらく行けてないよ。

伴　門前仲町「沿露目」は、なくなった名店「浅七」にぞっこんだった主人が、都会的な洗練を加えた居心地が最高だ。

野見　料理の独創は居酒屋界で独走だね。

三人　…………。

陸津　さてラスト十枚目です。ここは忘れてはいけない店を。

野見　人形町「酒喰洲《しゆくず》」。自衛隊厨房からはじめて、居酒屋、移動鮮魚店などいろいろ体験した痛快男が最後に定めたのがここ。

伴　毎早朝、千葉まで行って仕入れる魚はもちろん、酒もまた。熱心なファンで毎年大宴会「酒喰洲新酒会」が続いているのが信用の証拠だ。

呉　月島「味泉」を忘れてはこまる。

野見　その通り。小さい店なれど誠実な主人の丁寧仕事に、男女のファン多し。

伴　思い出すと行きたくなる。力があれば常連がついている典型だね。

陸津　やあ、よい締めになりました。皆様番付を終えた感想を。

野見　老舗の価値はますます高まったね。居酒屋は文化、これが継承されてゆくのは東京の誇りだ。

伴　一方、ここ十数年の新しい店の意欲がいい。居酒屋を自分の一生をかける仕事と自覚して、料理修業、酒の勉強、経営法を地道に勉強してきた覚悟の表れだ。

呉　女性が気軽に入ってくれるようになったのがうれしい。今や居酒屋はオヤジのたまり場ではない、最もトレンディな、いい女のゆくところになったのだ。

主人　……あの、そろそろ閉店で。

一同　ええ！　まだ全然飲んでないよ！　頼むもう少し。

（終）

大東京令和居酒屋番付

西　蒙御免　東

呼出し　行司・陸津悠（おすすめ決まり手一品つき）　呼出し

往年の 居酒屋スタイルかたくなに 今やここは文化財	神楽坂	伊勢藤	燗酒	横綱	鍵屋	根岸	鰻くりから焼き	夕暮れて 根岸の里に灯がともる 江戸の名残の居酒屋ありて
風格の カウンターには酒徒ずらり 燗酒独酌至福の時間	大塚	江戸一	〆鯖	大関	シンスケ	湯島	ぬた	端正な 白い徳利は正一合 洒脱きわめた東京美学
艶っぽく 光る柱はこれぞ粋 江戸っ子だってね神田の生まれよ	秋葉原	赤津加	たこ酢	関脇	みますや	神田	こはだ酢	創業は 明治の御代にさかのぼる 人生劇場百年酒場
名代の 煮込みの鍋の湯気ふわり 外で狸がさあお出迎え	森下	山利喜	煮込み	小結	金田	自由が丘	ごま豆腐	山の手に その名も高し酒学校 酒品おだやかこれぞ名店
居酒屋が 天職主人のいさぎよさ お燗の番は奥様が	四谷	タキギヤ	なめろう	前頭一	樋川	大岡山	小アジの唐揚げ 土佐酢かけ	丁寧な 仕事こらした魚たち 美人奥様手つきほっそり
ピカピカの 魚ぞろえは店の意地 人情あつい清潔な店	千住大橋	田中屋	刺身	前頭二	新八	神田	自家製鮟肝	神亀で 酒に開眼ひとすじに 魚津の魚と馬刺に自信
絶品の 静岡おでんは黒はんぺん 元気な奥様ダーイ好き	渋谷	酒とさか菜	生シラス	前頭三	笹吟	代々木上原	あえもの各種	食通も 女性も紳士も皆うなる 変幻自在の料理と銘酒
迫力の 魚揃えにこりゃ迷う 昼からやってるいつでも飲める	中野	第二力酒蔵	かつおぽん酢	前頭四	佃喜知	銀座	青柳みそ叩き	居酒屋と いえども銀座は伊達じゃない 包丁冴える親方頼もし
丁寧な 料理と酒のコラボはグッド 人連れて行ける切り札の店	荻窪	有いち	季節の八寸	前頭五	魚竹	築地	たこ粗塩焼き	酒飲みの 急所をついた肴たち 豊洲市場は目と鼻の先
懐かしき 昭和時代がそのままに 集まるファンは目に涙	十条	斎藤酒場	ポテトサラダ	前頭六	岸田屋	月島	もつ煮込み	昔のままの紺のれん ここ知らずして 通を名乗れず
料理すべてが 名品なれど 忘れていないおふくろの味	三軒茶屋	うち田	カニとカニみその炙り	前頭七	まきたや	下高井戸	選べる刺身三点盛り	都心はなれて のんびりと 大人の酒を受け止める肴
浅草好きは ここまで来るぞ 畳座りのカウンター良し	浅草	ぬる燗	煮奴	前頭八	志ぶや	浅草	みそ豆	のれんの目印 「鳥貝魚」 酒も人情も温かい
店内は モダンなれども魚は粋 男一人も彼女とも	門前仲町	沿露目	深川春巻	前頭九	高太郎	渋谷	真鯛焼霜	渋谷にできた 大人の居酒屋 今や人気はナンバーワン
誠実一途の丁寧仕事 あれも食べたし これも飲みたし	月島	味泉	煮穴子	前頭十	酒喰洲	人形町	その日の刺身	魚仕入れは すべて千葉 店主の気っぷにほれ込んだ

解説

山田真由美

令和のいま、東京の居酒屋ののれんをくぐれば、ひとりで端然とお酒を飲んでいる女性たちの姿がある。かつては男性の聖域だったかもしれないが、古くから続く伝統的な居酒屋の魅力を発見し、その居心地を一度でも体験してしまった女性たちは、流《は》行《や》りのレストランで美食を楽しむのと同じように、粋な居酒屋で過ごす時間も大切にしている。

彼女たちに居酒屋という新しい扉を開かせたもの。その背景には、太田和彦さんの存在があると私は思っている。私自身、太田さんの数々の著書からその魅力に開眼したひとりである。太田さんが描く居酒屋は、自分が行くような飲食店とはまるで違っていた。

年季の入ったたたずまいや店内の意匠はうっとりするほど美しく、供される酒にも肴にも店独自の流儀があった。なにより心奪われたのは、「人」の魅力である。自らの生業に誇りを持ち、誠実な仕事を貫く店主のかっこよさ。そこに惚れて通う客たちもまた味わい深い役者ぞろいだった。

たとえば湯島の「シンスケ」。中野の「第二力酒蔵」。月島の「岸田屋」……。本書にも登場する店名を書き連ねただけで、その雰囲気とともに主《あるじ》たちの立ち居振る舞いがありありと目に浮かんでくる。三十代の半ば。デイパックの中にはいつも『新精選東京の居酒屋』があり、太田さんが語り重ねる居酒屋の魅力を、もっと深く味わいたい、そこで起きる一回限りのドラマを胸に留めたいと昼に夜にと参じた。そのうち通うだけに飽き足らず、自分の視点で古い酒場の魅力を表現してみたいと無謀にも思い、勝手ながら太田さんを心の師として、酒場をテーマに文章を書くようにもなった。それがご縁で、私の一冊目となる『おじさん酒場』に登場していただいたことは、いまも誇りです。そう。太田さんはおじさんたちが独占してきた「居酒屋」という楽園に、「こちらへいらっしゃい」と私たち女性を誘《いざな》ってくれた立て役者なのである。

私のまわりには〈太田本〉を愛読する女ともだちが多く、彼女たちは自らを〈太田チルドレン〉と自認し、それぞれのバイブルを手に、酒場へ、旅へと繰り出している。

地方色豊かな居酒屋を訪れるのは旅の醍醐味。でも、豊潤なる居酒屋の世界を堪能するには、やはり東京だ。太田さんをして「東京ほど豊かに個性ある居酒屋が集まっているところはない」と言わしめるとおり、東京は江戸や明治をしのばせる老舗から、全国の銘酒に加え本格焼酎やワインもそろう新進気鋭の人気店まで、じつに多彩。その魅力の在りかを、太田さんはひとりカウンターの端に座って捉えようとしてきた。全国の居酒屋めぐりを始めて三十年以上。最も多く通うのは、拠点を置く東京だろう。この『飲むぞ今夜も、東京で』に登場する居酒屋は、いろいろなところで太田さんが繰り返し書いてきた名店ばかり。私もあの本この本で読み、実際に足を運んだことのある店がいくつも出ている。太田文学がすごいのは、そこに「馴れ」がないところだ。なじみの店であろうが、その時間は一期一会。席を取り、清潔なおしぼりで手を拭ったら真新しい気持ちになれるように、太田さんはいつもまっさらな状態で店と向き合っているのだろう。だから、一編として色あせない。いきいきと輝いている。

たとえば、こんな情景。

「気がつくと超満員の店内には夫婦客が増え、夫婦客同士が互いににこやかに飲んでいる。女房連れで来られる酒場とはなんと健全なことか。白い杖をついたひとり客に、おかみさんがたちまち『○○さん、いらっしゃい』と手を取る光景がうるわしい」

(十条　斎藤酒場)。

あるいは、こんな場面。

「一緒に来ていたお婆さんが帰り際に玄関で振り返り、いい店だったというように

深々と頭を下げて出てゆくのがこの店のよさを余さず物語る」（浅草　志ぶや）

　ともすれば、何気ない酒場のワンシーンとして流れてしまうような一瞬を、太田さんは見逃さない。東京のあの町この町で、日々重ねられているふつうの人々の営み。特別はひとつもない。だからいい。ささやかな日常にこそ輝きがあるということを、太田さんは数多の居酒屋を訪ね歩くなかで、早くに気づいていたのだろう。

　なぎら健壱さんとの対談「いとしの居酒屋応援歌」ではこう語る。

「今、世の中の変化が激しく、半年前の流行はもう続かない。そういうのを見ていると、不変の価値が一番大事だと思う。不動の信頼感」

「居酒屋は、たたずまいも味も変わらない信頼感が求められていると思う。町中に寺や神社があると落ち着くのは、信仰心もあるけれど、変わらぬものがそこにある安心感じゃないかな」

　読みながら、自分が三十代の頃、よく通っていた老夫婦が営む小料理屋を思い出した。酒も肴もおいしかったが、毎日おかみさんが磨き上げる白木のカウンターに店の美学が宿っていた。ビールをお願いし、そのやわらかな一枚板にそっと手を置くと、心の故郷に帰ってきたような深々とした安堵感に包まれた。居心地こそ居酒屋の価値。太田さんが見出したこの本質は、「変わらない」ことへの安心感から生まれていたのだ。

私たちは目新しさやスペシャルに弱い。そっちに心躍る世界があるような気がして飛びつきがちだ。だけど、特別は長続きしないことも知っている。そして、あたりまえの日常が失われる経験をし、変わらずにあることの尊さに気がついた。

本書には古い居酒屋だけでなく、二〇〇〇年代に生まれた深化系の居酒屋も紹介されている。太田画伯による挿絵が味わい深い酒肴コラムや、散歩の達人永井荷風にインスピレーションを受けた東京散歩も楽しめる。夫婦での酒場トーク、安西水丸さんをはじめとする貴重な居酒屋対談も。魅力てんこ盛りの一冊なわけだけど、全編に貫かれているのは、「変わらずにあること」の美学だった。

「変わらない」のは「変えない」意志あってのこと。デザイナーでもある太田さんは、新しさや洗練を追求する世界に身を置きながら、それゆえ志ある居酒屋が守り受け継いできた「保守」の精神に敬意を抱き、ことあるごとに書いてきた。その極めつけは、北千住の「大はし」について。明治十年創業のこの店は、建物の老朽化から建て直しを余儀なくされた。それでも前の風情を可能な限り残した新店に、最大の賛辞を送る。「やむなく建て直しても、極力昔と変えないことがファンをここまで帰って来させた。それは居酒屋で最も大切なことは何かを証明している」と——。

東京は、どんどん変わる。時代の急流にとまどい、疲れることもあるだろう。そんなときは、居酒屋だ。ひとりのれんをくぐり、好きな酒と何か一品頼む。あとは、何も考えず、流れる空気に身を任せればいい。

一冊を通して聞こえてきたのは、人生の達人のそんな軽やかな声だった。

やまだ・まゆみ●静岡県下田市出身。出版社勤務を経てフリーのライター・編集者に。二〇一七年、下田で酒場『Table TOMATO』をオープン。著書に『おじさん酒場』『女将さん酒場』。読売新聞にて「ぶらり食記」を連載中。

あとがき

東京の居酒屋の特徴は、ながい歴史をもつ古い店が下町に多いこと。その反対に最も新しいスタイルの居酒屋があること。日本各地の地酒を並べた銘酒居酒屋が多いこと。それはうんちくとブランド好きゆえで、東京の客は酒にうるさい。

肴は料理料理しない小粋な品をよろこぶ。せっかちな江戸っ子は注文の品がすぐに出てこないと機嫌がわるく、凝るよりは味のはっきりした明快なものがいい。小鉢の簡単な肴でかけつけ三杯をキューーッとやる、いなせな「粋」を愉しむのが東京の居酒屋だ。

Ⅰ、Ⅱ章は、ともかくあちこちの店にどんどん入った新聞連載コラムで、眼目は店の居心地の描写にある。忘れぬようその場でメモをとっておくのが鉄則だ。また料理イラストは写真よりも特徴が明確になり、以降これは得意技になった。

Ⅳ章は、平成十六年から七年、第二十八号まで発行された季刊誌「荷風！」の連載だ。創刊号からこの名雑誌に注目していたので、依頼があったときはよくぞ私にと、ありがたくも緊張。わが身を永井荷風になぞらえて東京の町を歩いた。午後から夕方にかけてぶらりと知らぬ町を歩くのは面白く、どこの町にも居酒屋はあり、その町を反映していた。

今回読み直すと、ガイド的な内容よりも、そういう店があったという記録に価値があると感じた。私もいくつも、ああまたここに行きたいと思った。巻末「蒙御免！大東京令和居酒屋番付」はこの一冊のための書き下ろしで、メンバーはおなじみの面々だ。

居酒屋はその気軽さがよく、あちこちのぞいてみるのがおもしろい。そこに気に入りの一軒がみつかれば「めっけもの」だ。掲載は今も続いている店のみとしたので、訪ねていただければ幸いだ。

この文庫は『飲むぞ今夜も、旅の空』と対になるものだ。地方も、東京も、居酒屋のない町はない。であればその差異を味わうのもまた、居酒屋の楽しみと言えよう。

令和四年十二月　　　太田和彦

本書のプロフィール

本書は、単行本「ひとりで、居酒屋の旅へ」（晶文社刊）の一部を加筆修正したものに、さまざまな雑誌等に執筆した単行本未収録のコラムをまとめたものです。

小学館文庫

飲《の》むぞ今夜《こんや》も、東京《とうきょう》で

著者　太田和彦《おおたかずひこ》

二〇二二年十二月十一日　初版第一刷発行

発行人　石川和男
発行所　株式会社 小学館
〒一〇一-八〇〇一
東京都千代田区一ツ橋二-三-一
電話　編集〇三-三二三〇-五四二八
　　　販売〇三-五二八一-三五五五
印刷所―――図書印刷株式会社

ISBN978-4-09-407207-5
JASRAC 出 2208316-201